日本の「世界史的立場」を取り戻す

西尾幹二
Kanji NISHIO
中西輝政
Terumasa NAKANISHI
司会　柏原竜一
Ryuichi KASHIHARA

祥伝社

日本の「世界史的立場」を取り戻す

カバーデザイン／盛川和洋

まえがき――世界史の中の「日本」、日本史の中の「世界」

日本の学校には「世界史」という科目があります。「世界史」というからには、世界のあらゆる大陸と島々の歴史が語られていなくてはなりませんが、そんなことは不可能です。そこで特定の優越民族の系譜をたどって、それに若干の例外を付け加えるというやり方が通例となっています。

すなわち、メソポタミア、エジプト、ギリシア、ローマ、そして中世ゲルマン、近代ヨーロッパへとつながる流れを「人類」と見なし、それでは少し足りないというので中国やインドの歴史を加えて、地球全体を覆《おお》ったかのような体裁を取り繕《つくろ》っています。そういうのが学校教育で与えられている「世界史」の通例です。東南アジアの国々や南アメリカの歴史が若干示されている場合があっても、やはり後から付加物のように足されたという印象は否めません。

これはいったい「世界史」でしょうか。キリスト教徒が描きだしたイデオロギーの拡大絵解き図にすぎないのではないでしょうか。

そして、まことに不思議なことに、学校で教えられているこの「世界史」には日本が入っていないのです。日本のことは、別に「日本史」という科目があって、そこで学ぶからいいのだというのは理屈になりません。

世界全体の動きの中で日本がどのように声を挙げ、活動し、働きかけたか。あるいは長期にわたり鎖国していたのなら、その沈黙は世界全体にどう作用し、どう影響したか。鎖国は欠落ではなく、休火山状態だったのですから、長期にわたる世界から見ての認識の変化が歴史の一角として叙述《じょじゅつ》されなくてはならないはずです。少なくとも、日本の歴史家がそれをやらなくて誰がやるのでしょう。

ところが、教育界で教える「日本史」はご承知のように、いたずらに内にこもった、詳しすぎる国内史であり、外との関係は、どこまでも外国と接触したその折々の事件――たとえば「遣唐使派遣」「鉄砲伝来」「ザビエル来日」――などを介して語られるばかりです。

このやり方では、瞬間的に窓の外を見たときの、日本から見えた世界のひとコマ写真は写しだされますが、外の世界の歴史の大波やうねりの持つ歴史的意味と日本の国内との関係、「世界史」と「日本史」との接点における相互関係は、まったくといっていいほどに無視されてしまいます。

「世界史」に日本がなく、「日本史」に世界がない。この変則状態こそ、わが国国民の歴史意識を永いあいだ分裂させ、歪《ゆが》めさせてきた当のものに外《ほか》なりません。本書は、少なくともその欠を埋め、ここで自覚を新たにしたいという思いから起《た》ちあがり、作成された新しい試みです。

本書でご対談をいただいた中西輝政《なかにしてるまさ》先生は、平成二十一年の「ＷｉＬＬ」増刊八月号に寄せられた論文の中で、たいへん素晴らしいことを述べておられます。

日本人の東京裁判史観なるものは何によって支えられてきているか。その中心点は、彼ら論者たちが国際的な観点から物事を見ようとはしない点である。つねに日本が何をやったかだけを問題にして、他国はどうだったのかいうことをほとんど無視して、戦後六十年たっても本来的な歴史の議論に蓋《ふた》をする、とおっしゃっている。

彼ら論者たちというのは、当時もいまも、いわゆる「昭和史」論者のことですが、中西先生はさらに、彼らはつねに昭和史しか問題にしない。つまり歴史を長い尺度でも見ないし、日本の国内の動きを外から見るという視点もゼロである、と述べておられます。

私もまったくそう思い、前述の「世界史」と「日本史」への疑問から当然ですが、先生のお考えに強い共感を覚えました。戦争というのはそもそも相手があっての話です。「昭和史」論者たちは世界観、歴史観を語っておきながら、自国史ばかりをいくら反省的に詳しく述べたてたところで、本当のことはわかってこない。私もまた、以前にそう書いたことがあります。

このことは、実はいわゆる戦後史だけの話ではありません。江戸時代を論じても、それ以前の時代を論じても、日本の歴史家といわれる人たちがやっていることは、つねに同じだと思っています。彼らはもう国内のことしか見ていない。まさしく日本史に「世界」がなく、そのことはまた、すでに述べたとおり、彼らの世界意識の中には「日本」がないのです。

自分がなければ世界を観ることはできません。しかしそれは、「日本」という固定観念、日本人としての立場や主張がつねに確固として実在するということを言いたいのではありません。本書は便宜上、『日本の「世界史的立場」を取り戻す』と名づけました。そのため、いかにも動かない安定概念としての「日本の『世界史的立場』」があるかのごとき印象を与えますが、そういうつもりはありません。

「世界史」といい、「世界史的立場」といい、つねに揺れ動いている相対概念であり、固定された絶対概念ではないのです。「世界史」も、「世界史的立場」も決定された普遍的概念を持つものではなく、いま、われわれが参加し、苦闘し、創造していく概念です。どうかそのようにご理解いただき、本文へお進みください。

平成二十九年三月三十一日

西尾幹二《にしおかんじ》

目次——日本の「世界史的立場」を取り戻す

一章　「近代」とは何か

[問題提起]――「西洋近代」のいかがわしさ

柏原　現在、アメリカが覇権国家としての地位から降りようとしています。これは、日本にとって大きな試練を意味するのかもしれません。現在生じつつある歴史の大波に対抗するためにも、昭和における日本人の精神性の覚醒《かくせい》を正しく位置づける必要があると思うのです。そのためにも、一度大局から、「近代」というもの、「西洋近代」というものを見直す必要があるのではないか。そうした問題意識から、今回、西尾幹二先生と中西輝政先生に対談をお願いすることになりました。

つきましては、お二方の議論に先立ち、私から「近代とは何か」という問題提起をさせていただき、そこから議論を始めていただこうと考えております。

「近代とは何か」ということですが、まず「近代」の定義について考えてみたいと思います。「近代」というものを抽象的に定義すれば、自己を把握《はあく》すること、自己の観点を確立することだと思います。自己を踏まえた上ではじめて対象物を観察することもでき、自分なりに批判的な見方も可能になるでしょう。社会の次元では、近代国家という枠組みの成立ということができるでしょう。

たとえば、西洋の場合であれば、イギリスやフランスが百年戦争時の融合した状態を脱して、それぞれが国として独自性を主張することでもありますし、もう一方は国家と宗教が分離することでもあったように思います。

国家としての枠組みを明瞭に浮かびあがらせるための、もっともよいチャンスが戦争でしょう。その意味で、ルネサンスから宗教改革、宗教戦争までのプロセスで、イギリスやフランスの国民性は形成された側面があるといえるでしょう。ドイツの場合は、神聖《しんせい》ローマ帝国というゆるやかな連合体が、三十年戦争（一六一八－一六四八）を経てそれぞれの国家に成長していく過程があったかと思います。

たとえば、自国がカトリックなのか、プロテスタントなのか、あるいはその両者を受け入れるのかを決定することこそ、自己の把握、自己の視点を確立することに他ならなかったと考えられます。

フランスの場合であれば、一五六二年のユグノー戦争開始から始まる混乱を経て、一五八九年のアンリ四世の即位と、それに引き続く一五九八年のナントの勅令《ちょくれい》によって成立します。そして、プロテスタントも許容するカトリック国として自らを確立します。

イギリスの場合は、ヘンリー八世の下でイギリスのローマカトリックからの分断がされます。エリザベス一世の下、一五八八年のスペインとのアルマダの海戦で、最終的にイングランドが形成されると思います。

そして、スチュワート朝の下での一六三九年から一六五一年までの内乱期と、一六八八年の名誉革命の時期を経て、宗教は国家によって定められなければならないのか、あるいは個人の選択なのか。国王の権力は、どの程度まで議会によって定められなければならないのか、そして、イングランドの下に、カトリックのアイルランドとプロテスタントのスコットランドをどのようにして統合するのかという問題が解決されることになります。したがって、名誉革命によって、はじめてイギリスは連合王国という「近代国家」の基盤を成立させたのだといえると思うのです。

大陸合理論の始祖であるルネ・デカルト（一五九六－一六五〇）、経験論の始祖であるフランシス・ベーコン（一五六一－一六二六）、社会契約論を最初に基礎づけたトマス・ホッブズ（一五八八－一六四五）、そして、この人はオランダ人ですが、「国際法の父」といわれるフーゴー・グロティウス（一五八三－一六四五）がこの時期に相次いで活躍していることは、けっして偶然ではないと思えるのです。

西尾　十七世紀ね。

柏原　はい。グロティウスにとっての『戦争と平和の法』という書物の当初の目的は、戦争、とくにその参加者である諸君主、諸国民の行動を合理的なルールの下に置くことであったと考えられます。そのことは、次のようなグロティウスの発言からもうかがうことができ

『戦争と平和の法』（初版 1625 年）の口絵。
左は著者グロティウス

ます。

「私はキリスト教世界の至るところで、蛮族にとってさえ恥ずべきこととされるような戦争に関する放縦《ほうじゅう》さを見てきた。すなわち人々がささいな理由から、あるいはまったく理由もなしに武器へと殺到し、いったんこれを手にすると、あたかも一片の布告によって公然と凶暴さが解き放たれ、あらゆる悪行が許されるかのように神法《しんぽう》、および人法に対する尊敬の念が消え失せてしまう」

残念ながらこうした観点は、同時代にグローバルに展開されることはありませんでした。むしろ、まさにその自然法を口実に、南北アメリカ大陸は広範な収奪の対象となったところに、「西洋近代」の持つ根本的な「いかがわしさ」があるといってもよいでしょう。

ホッブズの『リバイアサン』にしても、当時のイギリス国内の悲惨な内乱状態を前提にしたものでした。「万人の万人に対する戦い」「人間は人間に対して狼である」という語句は、当時のイギリスの政治状況にそのまま当てはまったのではないでしょうか。

ヨーロッパ内部での宗教戦争、内乱と新大陸での放埒《ほうらつ》は、同じコインの両面でしかなかったのです。つまり、「西洋近代」とは見せかけの輝かしさにもかかわらず、実に否定的な情念を隠し持っていたといえるのではないでしょうか。

自己の利益を極大化するエゴイズムと、それを押し隠すためのキリスト教、人類、国際法の概念、そして、そのエゴイズムの具体化としての海外植民地との交易が、「西洋近代」を支えてきた要素として考えられるのではないでしょうか。

と、まずこう考えてみました。


西尾 「近代」はひとりヨーロッパだけが生みだしたものではなくて、日本の「近代」もまた日本独自の歴史の古層から生まれてきていると思います。

でも、当時の「西洋近代」がたいへん強力であったことは、まぎれもない事実です。それは、日本をふくむ地球上の他の地域にとっては、つねに模範とされてきたし、また尺度でもあった。日本は独自の「近代」を江戸時代にすでに成立させていたと思いますが、それは後づけの議論でもある。いまになって、やっとそれが少しずつわかってきた程度のことであって、長いあいだ、日本の歴史の中でもそれは見えなかったわけです。

それほど攻撃的で拡大的であった「西洋近代」も、歴史の古層の中から生まれてきたもので、実は中世ヨーロッパに深い関係がある。

信仰と暴力と科学を母体としていた中世ヨーロッパ、先ほど柏原さんが言われた「いかがわしさ」も、それに由来する。バランスが取れているときは輝かしいけれども、ひとたびバランスが崩れればいかがわしくなる。われわれ日本人は遠方から結果だけを見ていたから、そのいかがわしい部分は長いあいだ、見えなかったわけです。

イギリスの特異性

西尾　しかし「近代」は、日本の場合も、ヨーロッパの場合も、いずれにしても宗教の歴史と切り離せない関係にある。ひと口で「近代とは個人を確立させた時代である」とはいわれるが、個人というのは、自ら信仰を選びとる自覚というものを起点にしている。どんな場合にでも、信仰を自ら選びとる。

現代に引き寄せてわかりやすいひとつの例を述べます。これは日本人が非常に弱い点だと思うけれども、湾岸戦争が起きたときだったか、アメリカでは、多くの市民が志願兵として戦場に馳《は》せ参じました。みんな家に黄色いリボンをつけて出ていったわけですよ。明日、地雷を踏んで死ぬかもしれない。事実、普通の市民が進んで戦争に参加して、たくさんの人が戦死しました。

しかも、いやいや連れていかれたのではない。動機は個々にいろいろあったかもしれませんが、少なくとも自分の意思で行ったのです。

彼らにとって、それが自由なんです。キリスト教的な意味での自由です。戦争への参加というものは、自分の意思で決断するんですよ。集団意思で動く部分だけではなく、自分の意思がある。不自由ではなくて、それこそが人間の自由です。

そういう個の自由、つまり自我が、彼ら欧米人の場合は非常に強い。アジア人は一般にそれが弱いという事実を認めざるをえません。しかし、その強い自我は、あっという間に「いかがわしさ」というマイナス要素にもなってしまう。私はそんなふうに思います。

「ヨーロッパ近代」の基礎をつくったのは、どこかという問題ですが、とくにオランダとイギリスです。どちらの歴史もカトリックからプロテスタントへという宗教上の流れを持っていました。

やはり当時のヨーロッパの中心国だったスペインとポルトガルは、インカ帝国やアステカ王国を殲滅《せんめつ》するなど、アメリカ大陸において非常に残虐なことをした、無制約なことをしたといわれていますが、スペイン人はそれを反省もしているんです。国王以下、何度も議会の内部で知識人や聖職者を集め、現代の尺度で見れば、たしかに上からの目線ではあるけれども、「インディオは人間だったのではないか」という内省的な議論を展開しています。

しかしイギリス人は、ついぞそういったことをやらない。次の世紀になっても、プロテスタントはそれを全然やらない。そこに大きな違いがある。

両者の経済史的な違いは、スペインとポルトガルの場合は重商主義で、片やイギリスは産業資本主義だったというようなこともあるかもしれません。が、それより、スペインとポルトガルの場合、当初はローマ法王庁の勅許《ちょっきょ》で許されて行動していました。その範囲の中で、自分たちの行動も、戦略の対象とする地域、戦争する地域も決められていました。

ところがイギリスは無差別です。むちゃくちゃです。旅の恥はかき捨てみたいに、海上に引かれた何度線の向こう側では何をしてもいい。そういうふうになるのがイギリスの侵略でした。

一般的には「スペインは暗黒の国」などといわれているけれども、彼らカトリックのほうがまだ抑制《よくせい》的だった。後にフランスが出てきても、フランスのほうがイギリスよりずっと抑制的だったのです。アヘン戦争後に南京《なんきん》条約が結ばれたときにも、フランスはアヘンの売買を禁止したのに、イギリスはあれだけのことをしておきながら、またあらためてアヘンを売っていいというようなことまで条約に入れてあります。

カトリックは、まだ人間らしさがある。われわれアジア人にも理解できるものをカトリックのほうがまだ持っている。それに対して、プロテスタントは観念的で、非常に図式的で、破壊的というか、行動も一直線なところがあるのではないか。

イギリスは基本的に海賊です。海賊性というものがイギリス海軍の基本ですから、世界中がそれに敵《かな》わなかったのです。人間としての常識の一線を残した者が、勝負に徹する観念的な集団と戦って、勝てるはずがない。

ドイツの場合は一生懸命、イギリスに対抗して、やっと十九世紀の終わり、二十世紀が始まるくらいになって、イギリスと対等に戦えるようになる。

そうやって、できてきたのがヨーロッパの「近代」です。

戦争と虐殺と謀略と植民地支配の時代

中西　イギリスの話をしますが、「西洋近代は何なのか」ということは、いまの日本にとってたいへん重要な、時宜《じぎ》にかなった問いだと思います。

明治以来、日本人はずっと、とくに日本の知識人は「西洋とは」「近代とは」と問いつづけてきたわけです。問うても仕方がない早い時期に、というと語弊《ごへい》がありますが、日本はまだ近代が真っ盛りのときに問うてしまっていた。当然ながら、日本人はあまりに早くに「近代」に目が行ったわけです。それでつぶれてしまった。

西尾　到達していないという前提でね。

中西　ええ。福沢諭吉《ふくざわゆきち》以来、それに取りこまれていった。

西尾　目標ですね。

中西　目標にした知識人もいたわけでね、対峙《たいじ》するにしても目標とするにしても、日本は「西洋近代」というものを早すぎたとらえ方をしてしまっている。しかし、いまこそ重要な問いかけになりはじめた時代だと思います。

西尾　おっしゃるとおり。

中西　「近代が終わる」とかいう大きな話もありますが、それ以上に、私の関心から言えば、目の前、足もとの話で、たとえば、いま中国が「西洋近代」に真正面から挑戦していま す。大東亜戦争で日本が挑戦したように、いま中国はそれに挑戦しているのかもしれません。南シナ海に対する国際秩序の考え方が「近代」とは丸っきり正反対です。公海の自由、公の海の自由、開かれた海の自由は、先ほどグロティウスの話が出ましたけどね。

西尾　グロティウスが言った海洋権ですね。

中西　海洋の自由ですね。「西洋近代」の本質として海洋の支配をどうするかということが、ポルトガル以来ありました。

西尾　そうです。

中西　トルデリシャス条約（一四九四）は、スペイン、ポルトガルが法王庁の仲介で地球を半分に分け、ここから西はスペインが開拓しなさい、植民地化しなさい、東はポルトガルに、という有名な条約です。

こういうものは全部、海の支配をどうするかで、世界支配の規範を決めることが、「近代」というものの本質的契機とつながっています。西洋の力による世界支配と切り離せない「近代」とは、十六世紀に始まって、現下の「グローバリゼーション」として、いまも続いている広義の「帝国主義の時代」、とトータルに言い切ってもいいくらい、戦争と虐殺と謀略と植民地支配の時代です。

いまの中東で、最終的にそのしわ寄せが起きてイスラム圏がひっくり返ってしまっているのは、まさに「西洋近代」が行き着いたものが、現在の中東をめぐる究極の混乱だろうと思います。

いま西尾先生から、カトリックとプロテスタントは非ヨーロッパ地域、ヨーロッパの外で行なったことに対する仮借《かしやく》の念がずいぶん違うではないかというご指摘がありました。まさにそのとおりで、プロテスタント、アメリカの場合もそうですが、イギリスがとくにはっきりしているのは奴隷制に対する態度です。

今回のイギリスのＥＵ離脱とまさに重なるのですが、イギリスの黒人奴隷の解放はアメリカより半世紀早くやっています。

西尾　半世紀早く手をつけていますからね。

中西　奴隷貿易というのは、かつては、たいへん儲《もう》かるビジネスだったわけですが、イギリスの資本主義は、蒸気機関の普及と時を同じくして、植民地での奴隷ビジネスをやめてしまった。

西尾　カリブ海ですね。

中西　主として、カリブ海で。それ以前のイギリスは、主にポルトガル船がアフリカへ行って奴隷を仕入れてくると、これを大西洋上で片っぱしから横取りするわけです。奪ってきて、北米、あるいは将来、合衆国になる地域へ連れていき、労働力にする。これこそがアメリカ建国の大きな布石だったのです。

ここにあるのは、イギリス特有の「あざとさ」です。イギリスとオランダは、異人種に対する植民地支配、世界史上かつてない、あるいは古代ローマも含め、人類史上かつてないほどの大植民地を持ったが、そのローマ帝国さえ知らなかったほどの苛酷《かこく》な収奪の植民地支配をやった。

たしかにイギリスの場合、物理的には際立って過酷な支配ではなかったけれども、精神的な意味ではものすごく過酷に支配しています。とくにインドはそうで、土着エリートと固有の文明を骨抜きにするような侵略で、精神的に非常に過酷だったと思います。そこにはアメリカのGHQの占領政策におおいに通じるものがあります。

金融グローバリズムとプロテスタントの結合

中西　アングロサクソンが持っている、この「あざとさ」の源泉、あるいはイギリスの近代帝国主義、植民地主義、海外発展の大きなドライブになった源泉のひとつが金融という力、いまで言えばグローバリズムです。金融グローバリズムが大航海時代に引きつづき十七世紀の半ばのロンドンに成立して、オリバー・クロムウェルの航海法、あるいは数度にわたる英蘭《えいらん》戦争、イギリスがオランダから海上覇権を奪っていく過程から強力な金融のドライブが始まっている。そしてそれが名誉革命を引き起こし、その結果、イングランド銀行が成立するのが、一六九三年前後です。

柏原さんから、「西洋近代」は否定的な契機を強く持った世界史運動だったという話がありましたが、まさにそのとおりですが、それはとくに大航海時代とともに近代の世界資本主義システムの中で立ちあがってきた金融支配の契機が非常に大きかった。さらに、これとプロテスタンティズムが結びついて、とくにその純粋形としてのピューリタニズムだったろうと思いますが、「西洋近代」のここでいう否定的契機が増幅されてゆく。マックス・ウェーバーは実はこのことを言っていたと思います。

イギリスのピューリタン革命は、イギリス、そしてアングロサクソンによる金融覇権として世界を支配していくプロセスの始まりでした。中世のユダヤ追放を免《まぬが》れたユダヤ金融資本が中世以来、ヨーロッパの金融を細々と支配していたわけですが、クロムウェルはこのユダヤ人を大量にイギリスに再移民させてロンドンにユダヤ人がどっと増えた。それまでユダヤ人がイギリス王国に住むことは許されなかったわけで、中世末、エドワード三世がユダヤ人をみんな追いだして以来、クロムウェルの時代まで、公式にはイギリスにユダヤ人はいないことになっていた。

現代のイギリスの支配階級は、ユダヤ系の血がものすごく入っています。とりわけそれは、ピューリタニズムの影響で、とくに金融利権を目的にして進んだわけです。実はエリザベス朝から徐々に始まってクロムウェルの時代に、ユダヤ人の居住を全面的に許したのですが、十八世紀以降、ユダヤ系英国人が社会エリートへと上昇してゆく過程で進行した。

イングランド銀行は、そのピューリタン革命の半世紀後にできている。こうして近代的な金融覇権志向を契機として、ものすごい勢いで北米の植民地化が進みます。以後の世界史の動因として金融が果たした役割は非常に大きいものがあった。ちょうどいま、われわれは、ポスト冷戦、二十世紀末から二十一世紀、現代世紀のグローバリズム支配を経験した人間として、「そうか、西洋近代は実はこれだったんだ」と肌身でわかるような実感を持つようになりました。

個人的にも、私は若いころ西洋にも長く暮らしたことがあるので、「西洋近代」のことを切実なものとしてずっと考えてきたし、また先ほど柏原さんがおっしゃったように、いろいろな歴史論をしなければいけないのですが、とりあえず、いわゆる「西洋近代」の核にあるものとして、私はプロテスタンティズムと世界覇権を志向する金融支配への契機を強調しておきたい。そしてそこにユダヤ性、ヘブライ性もかぶってくるわけです。

これはヤーコプ・ブルクハルトの議論にもかかわります。「西洋近代とは何か」というと、日本の知識人の中には、このブルクハルト論に影響されて「ルネサンスだ」と言う人が多い。しかしそうなると、「近代西洋」の始まりをルネサンスに見ることになる。

西尾　違うな。

中西　それは全然違う。アングロサクソン系の歴史では、これは一律に否定する。ルネサンスは中世の連続です。イタリアが中心になったことが何より証明しています。

西尾　美化して言うんでしょう。ブルクハルトの歴史観は一種の讃美です。

中西　とくにそれは十九世紀になってからの、教養主義による讃美です。「近代」という問いかけをいただいたから端的に答えると、私はそれをピューリタニズムに収斂《しゅうれん》するキリスト教の抽象性と普遍《ふへん》志向、そしてその上に乗っかった世界の金融支配への衝動が決定的要因だったと考えています。

西尾　いま金融とプロテスタントの結合とおっしゃった。

中西　プロテスタント、とくにピューリタニズムです。その究極が、二十世紀のアメリカです。

海を支配するイギリス、空を支配するアメリカ

西尾　古典的な意味での他国侵略、または征服戦争は、大地をはうようにして軍事的に拡大していく。陸軍の戦い方を見ればわかるように、古代からみんなそうでした。いま中国が考えていることもだいたいそうだし、ロシアが考えてきたのもそうだし、ヒトラーが考えたのもそうでしたが、イギリスがやったのは海でした。

十九世紀のトラファルガーの海戦から第一次世界大戦までの約百年以上、地球上のありと

あらゆる拠点をイギリスが全部押さえてしまった。その代わり、ヨーロッパの内部にはあまりコミットしない。何をするにしてもヨーロッパの各国は、イギリスが大陸の外から締めつけている動きに対応しなければ何も発言できないので、イギリスにうまくコントロールされてしまいます。

おもしろいのは、マダガスカルをめぐる争いです。最終的にマダガスカルはフランス領になりますが、イギリスは、あっという間にマダガスカルをフランスに譲ってしまいます。ところが、そこから千キロ、あるいは何百キロ離れている周りの七つくらいの島を、イギリスがあらかじめ全部獲《と》ってしまっています。マダガスカル対岸のケニアもイギリスが握っています。ですから、マダガスカルひとつをフランスにあげても何も影響はない。そういう戦略で、イギリスは地政学的に海上のほぼ全地域を着々と押さえていくんです。

もうひとつの例は、ハワイなど太平洋上の島々の問題です。オーストラリアはイギリスが握っていましたから、そこからカナダまでケーブルを敷こうという計画があったんです。すると、太平洋を押さえなくてはなりません。

そのときの日本は、まだ明治時代です。やっと大隈重信《おおくましげのぶ》がハワイを気にするようになり、東郷平八郎《とうごうへいはちろう》元帥が出かけていったりしてハワイを押さえようとする時代です。この権益は最後にはアメリカに獲られてしまいます。

そのあいだにイギリスは、太平洋の島々をいくつも自分のものにしていています。そこに、ケーブルを敷こうとします。アメリカが一歩早くハワイを植民地にしてしまうものだから実現しませんでしたが、イギリスは海上を見てにらんでやる、すごい戦略です。それをいま中国が真似《まね》しているのかどうかよくわからないけれども、十九世紀のイギリスは、世界を地政学的な形でもって海から支配しようとした。

そのイギリスの海洋戦略を、ものの見事に空へと切りかえたのがアメリカです。

中西　そうですね。二十世紀は飛行機の時代です。

西尾　ひと息に空に切りかえたんですね。そして、遠隔《えんかく》から支配する。空と金融といった遠隔操作によって、世界全体を遠くから植民地化し、自分は手を汚さず、コントロールすることができたんです。

中西　両方とも地面に触れない。

西尾　イギリスは、海を支配するために陸地に触れたんですよ。世界中に植民地をつくって統治して、あまりにも手を広げすぎたために、さんざん苦労した。

イギリスの失敗を見ていたアメリカは、じかに手を触れないで支配する道を選ぶんです。そういう戦略を誰が考えたのでしょうか。わからないけれども、金融と空の支配はいまでも続いている。有効だったんです。人工衛星などは、みんなその流れです。この戦略が本格的にスタートしたのはB－29だと思っています。B－29という飛行機が登場して、アメリカの空の支配が始まった。

中西　日本人にとってはまさに悪夢の始まりだった。

西尾　否、日本だけの問題ではありません。B－29は計器類で運転しますね。大爆撃機ですから、はじめて飛行機の中に人が複数乗る。乗員は互いに連絡しあわなければなりません。計器というか、当時は電話かもしれないけれども、乗員同士がそういった機械を使って連絡しあう。こんなことは、それまで誰も考えなかった。B－29がはじめてそれをやった。これは宇宙時代の始まりでもあったんです。

それまでアメリカの空軍といっても、たいしたことはなかった。日本との戦争では、日本の空軍のほうがある意味で上回っていた部分さえあった。

柏原　前半はそうですね。

西尾　B－29の登場であっという間にひっくり返されるんです。話が飛ぶようだけれども、マレー沖海戦で、イギリス海軍の誇るプリンス・オブ・ウェールズとレパルスが日本の飛行機に撃沈される。航空戦力で戦艦や空母を撃沈することは、それまで考えられなかったそうです。日本がそれをやったのを見ていたアメリカが、そこから立ちあがるのですよね、ところがその後も日本は航空機ではなく、大きな艦艇をつくっている。感覚がずれていたんですね。
アメリカによる金融と空。それが第二次世界大戦、太平洋戦争の転機だったのではないかと思います。日本はしてやられたと思います。

すべての国にそれぞれの「近代」がある

中西　「近代をどうとらえるか」と設問を受けたのですが、まず「近代は終わっていない」と私が言うのは、「中国」という、どんでん返しが来るかもしれないのに、どうしていまだ「近代の終わり」が語れようかという反問です。少し強く言えば、そういうことです。

西尾　中国も「近代」を求めていますよ。

中西　「近代」は求めていますが、それは「中国の近代」なんです。

西尾　それでも、「近代」というものをどう理解するかという問題に戻ると、「美しい近代」をまず先に考えてしまう。自由なこと、便利なこと、時間が節約できること、個人が誰にも妨《さまた》げられずに生きられること、物質的に恵まれること、階級差がなくなること、そして、神話的思考を排除して合理的思考に変えること。

いわゆる「近代観」について、思いつくだけあげろと言われれば、他にもいくらもあげられます。そういった「明るく輝かしい近代」が明治以来、あるいは戦後も、日本人に憑《と》りついたイメージです。

そのイメージにもとづいて、「日本はまだ近代に達していない」と共産党が言ったり、「いや、近代に達している」とライシャワーに言われて喜んだり。戦後日本では、「近代」に到達しないうちに「近代の懐疑《かいぎ》」を盛んに言う矛盾《むじゅん》もありました。当然、いまの日本は「近代」には達していますが。

ところがいま、「近代とは何か」ということをあらためて考えるなら、美しき側面、輝かしき側面だけではなくて、誰もがわかるように、そのことがもたらすマイナス面にむしろどんどん気がつかざるをえない時代を迎えました。「近代化」を達成したことが自我を弱くし、人間性をむしろ破壊しているということが、私たちの社会、あるいはアメリカ社会、世界中を見てもそういえます。

まだ、そこまで達していない地域として、中国や北朝鮮があるといえます。共産主義統治下にありますから、「近代」に到達していない。「輝かしき近代」というものがまだわかっていない。

定義化された「わかりやすい近代」というものを、ここで確認しておきましょう。かつては、それ自体が目的であり、つねにどの時代にもある目的であった。西洋が中世から近世にかけてまっすぐにそこへ向かっていって、われわれ日本人たちが後からそれを追いかけたという。

しかし、この図式はおかしいのではないか。私に言わせると、ヨーロッパでも真っすぐそこへ向かっていたかどうか、その当時は先行図式など誰もわかっていなかった。十六、七世紀、トマス・ホッブズなどの思想を見ても、ヨーロッパの「近代」の行方などというものが、形としてあったわけではなかった。十六、七世紀の日本人にも「近代」の行方はわからなかったように、ヨーロッパの人々もわかっていなかった。

それに十六、七世紀のヨーロッパは、魔女狩りとかがあった時代です。元禄時代の日本のほうが、よほどマトモだったんじゃないか。

ですから、ヨーロッパが目標とすべき「近代」を先進的に歩んでいて、十九世紀の日本が明治になってそれに追いつけ追い越せで、やっとそこに到達した――そういう「近代」の見方に立たない歴史観をとり入れる必要があると、私は思っています。

その中で、「輝かしい近代」「美しい近代」というものが実在としてあること、歴史の中にずっとあったという一面は動かしがたい。いまもある。日本は非常にそれに弱いです。中国人がいまマネーに浮かれているのも、「近代的なもの」に引かれているからです。つまり、便利でありたいとか、モダンでありたいとか、これは中国人も、日本人も同じです。そういうものに引かれているのは間違いない。

そういう「近代」は、けっしてヨーロッパの特産ではないということです。むしろヨーロッパやアメリカが、それを自己破壊しはじめている。とくにアメリカは先祖返りしています。

中西　戦後、日本が何よりもそういう「近代」をリードした。大量生産をして、安いものをつくって、日本がニートな（洗練された）、きれいに発展した産業社会をつくった。これはある意味、ジャパンモデルです。

どこの国も、そういう意味の「近代」、それぞれ独自の「近代」に貢献できます。貢献というか、各々のモデルを出すことはできる。おそらく中国も、あの中国でさえ、五十年後にはチャイナモデルという「非西洋近代」を歴史に残すかもしれない。

そういう意味ではあらゆる「近代」がありえるわけで、「西洋近代」ということは限定詞として使うべきでしょう。「近代」に西洋だけが必然的に修飾語としてつながるはずがない。ただ、そういう普遍性を込めた近代を考えた上で、さらに言えば、歴史の時間をともにする共時性の持つ意味です。「西洋近代」の三百年、十七世紀なのか、十六世紀なのか。

西尾　十六、七世紀ですね。

中西　私は十八世紀まで入れたいのです。この三百年くらいのあいだは、西洋が力、パワーとして世界を席捲《せっけん》した。そのパワー性の中に文明的な先進価値があるかのように、非ヨーロッパ地域の人間は見てしまったわけです。先ほどおっしゃった「美しき近代」というものの、とりわけその物質主義の魅力に呪縛《じゅばく》された。

たとえば、「西洋近代」とは個人の確立、内面の自由とか、われわれはさんざん言われてきました。日本にはそれがないと。日本には半封建的な明治以後の「近代日本」があるけれども、これは本当の「近代」ではない。丸山真男《まるやままさお》的な議論です。

たしかにこれはもう嫌というほど聞かされましたが、よくよく考えれば「西洋近代」もだいぶ半封建的な「非近代」を持ったまま、厚かましくも「近代」を自己主張している。

日本はこの、あざとい「西洋近代」を相対化しようと、最初に突出したから叩かれてしまってぺしゃんこにされたけれども、戦後の七十年の世界史は「非西洋」にもう一度、立ちあがれと言っています。日本の大東亜戦争に象徴されるような「西洋近代の超克《ちょうこく》」という試みは、けっして間違っていなかったのだと。

たとえば、この七十年のあいだに、アーノルド・トインビーやサミュエル・ハンチントンといった「西洋近代」の中枢《ちゅうすう》知識人の文明論は、原理としてそう言っているわけです。

そして二十一世紀になって再び顕著に、「西洋近代はおかしいぞ、これを超克するんだ」

という普遍的な使命感と問いかけが世界各地で聞かれるようになりましたが、かつてそう言って立ちあがった日本は、世界史の大きな視野から見ると間違っていなかったことが、いまようやくはっきりしてきた。実は、亡くなったハンチントン自身も生前、私との対話で、そう言っていました（『文明の衝突と21世紀の日本』など参照）。「近代」を論じる文明史的な関心の高まりの中で、いま日本人がそのことを発見しうる時代状況がようやく見えはじめた。

西尾　「反近代」の思想は、ヨーロッパにも根強いです。ヨーロッパは二重構造、三重構造です。「近代的なもの」と「反近代的なもの」が両方ある。日本の中にももちろん両方あります。

ヨーロッパと日本の自然観の違い

柏原　西尾先生も『GHQ焚書《ふんしょ》図書開封12：日本人の生と死』（二〇一六、徳間書店）でとりあげておられますが、『日本の臣道《しんどう》・アメリカの国民性』（一九四四）という和辻哲郎《わつじてつろう》（一八八九－一九六〇）の著書があります。これは「日本の臣道」と「アメリカの国民性」という論文を一冊に合わせて出版したものですが、後者に書かれたベーコンとホッブズが非常に印象的で心に残っています。ここで和辻が述べる「ベーコン的な世界観」と「ホッブズ的な世界観」といったものが「近代的なもの」を形成する大きな基盤になっているのではないでしょうか。

ベーコンといえば経験論の祖ですが、「知は力なり」という言葉からも窺《うかが》えるように、「経験によって獲得された知識によって、自然を支配する」という発想が根底にあります。人間がいかにして自然に働きかけるか。人間が一方的に自然に働きかけるという哲学的な前提があって、それが綿々と続いているのが近代のひとつの特徴ではないかと考えます。ヨーロッパの場合、一貫してそれが続いています。

あのマルクスですら、ベーコンの系譜上にあるのです。たとえば、「単なる自然としての自然ではなく、人間による自然の変化こそ人間の思惟《しゆい》のもっとも本質的な、もっとも重要な基礎である」という言い方をしています。

西洋人にとって自然とは何かと言うと、実は、「キリスト教徒であるわれわれが人間で、それ以外の世界は（異教徒もふくめて）みんな自然だ。後は切りとり放題だ」と、そういう世界観が前提のひとつにあります。この前提によって、世界はヨーロッパを中心にどんどん統合されてくる。そういった過程がひとつの「近代」だったのではないでしょうか。

では、帝国主義は何だったかというと、それがよりいっそうシステマティックに、体系的に、科学技術を使って、もっとどんどん統合しようという方向性だったと思います。第一次世界大戦が、なぜ「近代の終わりの始まり」と考えられるかというと、そのヨーロッパ自身が割れてしまったからですね。

中西　崩壊した。

柏原　はい。そう考えますと、人間が持っている自然観の違い。人間が自然をどう考えるのか。自分がどうにでもできる対象として見るのかどうか。そういうことがアメリカの場合にも関係してきますし、「西洋近代」全体のモチーフとしてあったのではないでしょうか。

一方で、日本の皇室、天皇陛下の役割を考えてみますと、自然をお祀《まつ》りすることだと思います。自然をお祀りして、自然にお願いをするわけではないのですが、自然に感謝を捧げる。それが皇室の本当に貴重な役割だと思います。そういった日本の考え方と、欧米の自然を利用して利用し尽くす発想は、たぶん真逆のものだと思います。そういった日本的な考え方がだんだん忘れられていくのが、大正期あたりからで、頭の中が全部西洋に切りかわってしまいました。

中西　大正・昭和期ね。

西尾　マルクス主義ね。

柏原　はい、マルクス主義とか。そういった側面があったと思いますが、いかがでしょうか。

呪われた大陸の登場

西尾　先ほど十六、七世紀という話が出て、それといまのことと関係があります。ヨーロッパは、十六、七世紀になって、はじめて東のほうへ目を向けた。そのとき彼らは聖書と古典、ヘブライとギリシャ・ローマの知識で地球の他の地域を判定するという先入観をもってでしか、他の地域を見ることができなかったのです。つまり、自分たちがすでに取得している観念で見ていた。

まもなくインドと中国までは彼らの認識の中に入ってきますが、それをやっているうちにヨーロッパとインドとのあいだに、途方《とほう》もなく大きな二つの大陸があることに気がついた。北米大陸と南米大陸です。そこから、ヨーロッパの歴史はがらっと変わります。

一般に「アメリカはヨーロッパが生みだしたもの」と考えられていますが、実はその逆で、アメリカの発見によって、新たなヨーロッパが生みだされていくわけなんです。

つまり、この新世界の出現に引きずられて、ヨーロッパは実にいろいろなことを考えるようになった。自分たちの歴史や伝統を壊し、自分たちの法や意識を変えてでも、新たに開かれたフィールドを何とかして先に支配するためです。それによってヨーロッパ自体が変わってしまった。

アメリカ大陸の出現という契機は、われわれ日本の歴史の中には完全になかったものです。信長《のぶなが》や秀吉《ひでよし》の時代にも、江戸時代にも意識されていないです。地球上にそんな大陸があることにも気がつかない。しかし、この二つの大陸の出現こそ、ヨーロッパにとっては、ヨーロッパの拡大、あるいはヨーロッパの「近代」というもののスタートだったのではないかと思います。

ホッブズは、「新大陸の野蛮」を「中世ヨーロッパの野蛮」と重ねあわせて観察していた。それは和辻哲郎も言っています。

中西　ひとつだけ問題がありますが、後で指摘します。

西尾　また、もうひとりのベーコンによると、イギリス人は、アメリカ大陸で先住民と荒々しい自然を発見した。

そういったものをどう克服するかということで、ホッブズ的なものの考え方によって先住民を抑制封鎖し、ベーコン的なものの考え方によって新大陸の厄介《やっかい》な自然に対応する。和辻さんの「アメリカの国民性」は、簡単に言えばそういうことです。

十六、七世紀以降、ヨーロッパはヨーロッパの視野だけで生きていたのではない。それに先手を打ったイギリスが有利になったのは、インドを押さえたことでしょうね。インドを押さえたのち、ずっと行って、ハワイまで手を伸ばすのです。

そういう大きな流れを考えたときに、新世界というものがどういう意味を持っていたか。グローバリズムというものにかかわり、軍事的にも、金融的にも、そして自然科学の発展などにおいても、決定的な意味を持ってくる。

中西　いまのお話にあったホッブズは、和辻が「アメリカの国民性」の中で議論の下敷きにして非常に重視しているひとつの線です。

和辻は「アメリカの国民性」を論じるときに、ホッブズの思想というものを北米大陸のフロンティアの、インディアンと荒々しい自然、とくに先住民という潜在的な敵といかにして戦って土地を奪っていったか、このことをホッブズの思想に由来するものとして取りあげています。つまり和辻は、それを支配的な権力がない自然状態において「リバイアサン」を築きあげるためには、先住民を虐殺しなければしょうがなかったというホッブズの議論によるものと短絡《たんらく》していきます。

もうひとつ重要なことは、『リバイアサン』というホッブズの著作が世に出たのは一六五一年です。これは、イギリスではなく、ヨーロッパ大陸で書いています。当時ホッブズは大陸に亡命せざるをえませんでしたから。

　そこでこれを歴史的に言えば、イギリスでピューリタン革命が起きていて、一六四〇年代は「グレート・シビル・ウォー」の時代。ご周知のように「シビル・ウォー」とは「内乱」の意です。日本ではアメリカのシビル・ウォーを「南北戦争」と呼んでいます。一方、イギリスにもグレート・シビル・ウォーがあって、直訳すると「大内乱」ですが、やはり日本では、なぜか「ピューリタン（清教徒《せいきょうと》）革命」と意訳しています。

　要するに、イングランドで、議会と王党派《おうとう》、あるいはピューリタンと国教会派《こっきょうかい》が戦って、実質的に王制も、議会も、ほとんど機能しなかった期間が十年、あるいは実質的には二、三十年ありました。

　スチュワート王朝とピューリタンを中心とした議会勢力、それから両者のあいだに、まだ残っていた国教派の連中がだんだん王党派についていく。そして、この間が物理的な殺戮《さつりく》の歴史で、イギリス国内の「ネーズビーの戦い」（一六四五）などは、一日で五千人くらいの損《そん》耗《もう》を記録した「近代的」な大戦争です。その結果、クロムウェル独裁が成立する。

　その過程で、年表的に言えば、一六四九年、議会はチャールズ一世の首を切る。そしてこのときにピューリタニズムが確立した。もう後へ戻れません。もはや国教会とは妥協できませんし、イギリスが正式に共和国になって、中世以来の王制がイギリスの国土から消え去っ

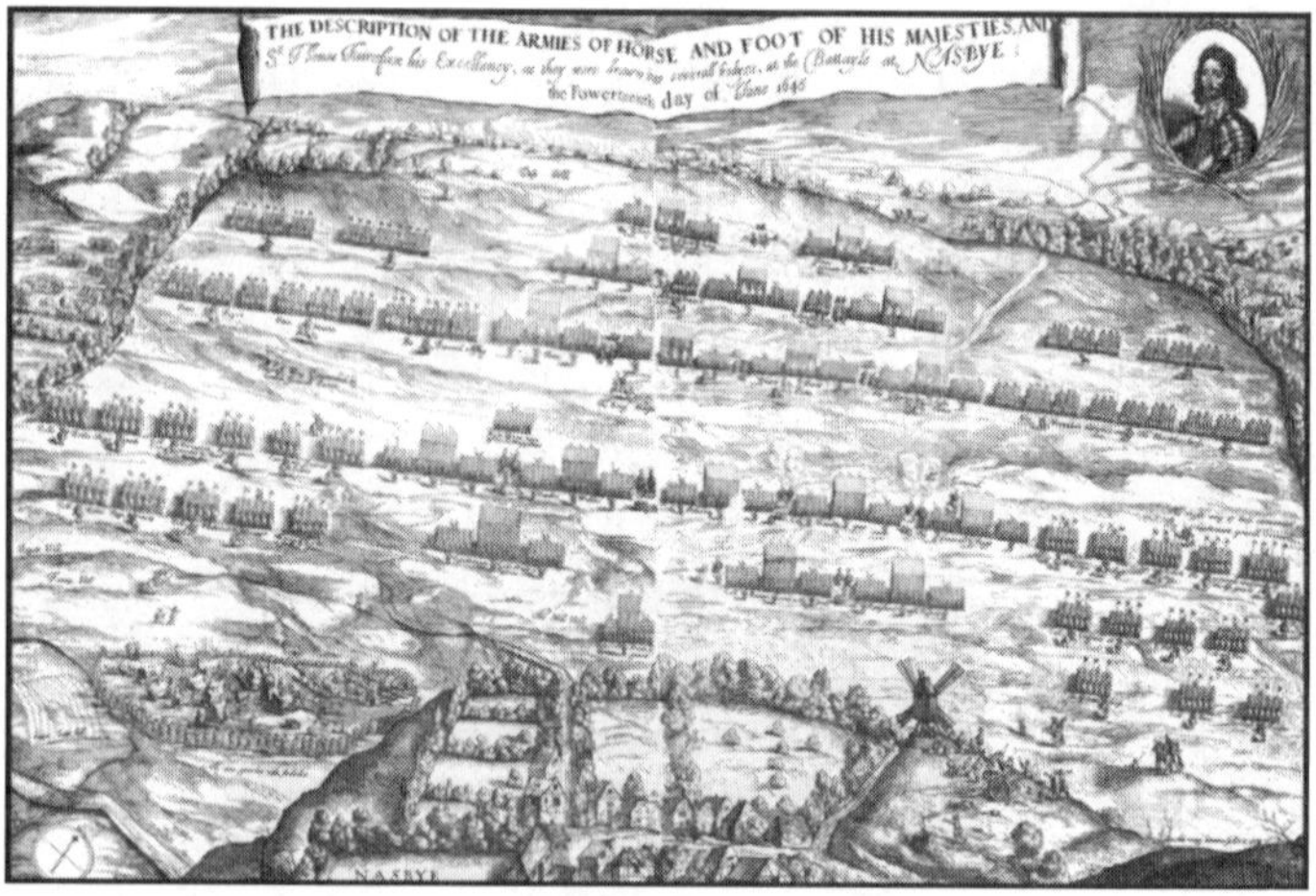

議会派と王党派が激突したネーズビーの戦い。
たいへんな人的被害を出して議会派が勝利をおさめた

『リバイアサン』の著者ホッブズ

たわけです。

これには非常に重要な意味があります。いま、イギリスの王制を考えるときに、つねにあの国は一度共和国になった国だということを、ゆめ忘れてはいけないのです。日本の王室評論家は皇室と比較して、イギリスの王室はどうだこうだと「それに倣《なら》って」というニュアンスでものを言いますが、王様の首をちょん切った国ですよ。

西尾　そうです。よくフランス革命は血なまぐさかったけれども、イギリスは穏健な革命をしたと考えてる人がいるけど、嘘だ。

中西　大嘘。それは後の「名誉革命」論にもつながります。

何が言いたいかというと、ホッブズという人の自然観、つまり自然状態とその自然法の思想を生みだしたのは、和辻が言っているとおり、「ひとりひとりの人間は平等なのだから、お互いに万人《ばんにん》が万人に対する戦いをする権利がある。相手を殺す権利がある」というのが平等意識の根源です。これが「ホッブズ的平等」です。

ホッブズの思想のバックボーンは、イギリスのピューリタン革命に発する内乱、あの時期の無秩序、つまり既存秩序の崩壊状態への恐怖感です。それまであった権威と権力が崩壊して、それこそ、かつてなかったような「万人が万人と殺しあう」状態です。実際に、兄と弟が王党派、議会派に分かれてお互いに殺しあったわけですから、これはたいへんな無政府状態、キリング・フィールドですね。ホッブズにとっては、これが「自然状態」でした。それがなぜ重要か。アングロサクソン、英米、あるいは欧米の歴史を勉強している立場から言えば、「近代」を論じるとき、既存秩序が根底から崩壊したときに自己確立したピューリタニズムというものの核心的な重要性をそこに感じるからです。

西尾 私もそう思います。アメリカもそうです。

中西 そう。日本にとって決定的に「近代」が重要なのは、アメリカという存在でしょう。アメリカを除いた「近代」なんて、日本人が論じても意味がないのです。現代の日本人にとって、イギリスを研究する価値は、徹頭徹尾《てっとうてつび》、アメリカ問題の把握にあるのです。

西尾 ヨーロッパにとっても、実はアメリカの出現です。大陸の出現がすべてをひっくり返します。

中西 たしかに、ヨーロッパが変質するのは、アメリカが出現したからです。ヨーロッパ人にとって、人類の自然な発展のためには、本当はあそこに大陸があってはいけなかった。コロンブスは、大西洋と一体の太平洋を横断してインド洋に来《こ》ないといけなかったのです。そもそも大西洋、あるいは太平洋は、あってはいけない海でした。南北アメリカ大陸、とくに北米大陸は、ヨーロッパ的に言ってみれば、世界文明史の中で「番狂わせ」のような、びっくり箱のような存在として歴史に登場したのです。

西尾　そうです、そうです。

中西　あるはずのないもの、人類はそんなものはないと思って何千年の歴史を紡《つむ》いできたのに、突然、浮上したのです。

西尾　そうなんですよ、これは信じられない。なぜ信長や秀吉は、それに気がつかなかったのか。日本の歴史の欠陥だったと思います。

中西　まあ、そうですね。呪われたアトランティス大陸が、つまりいったん沈んだものが突如浮上して再び「人類史の呪い」になった。これが北米大陸ではないかと思うのです。

「全人類の名において」という観念

柏原　ベーコン、ホッブズと来れば、アメリカを語る上で欠かせないと思うのがジョン・ロック（一六三二―一七〇四）ですが、西尾先生いかがでしょうか。

西尾　ロックは、ホッブズの反対側の人です。ホッブズと違って寛容の思想家でもあり、ヒューマニストであり、いわゆる人文主義的知性を代表する人です。ホッブズは「万人の万人に対する闘争」を自然状態と見て、「人間は人間にとって狼である」という思想でした。

それをヨーロッパの中世社会の中に見届けて、新たに発見された北米大陸の中にその同一性を見る。ヨーロッパ中世と新大陸に、共通して「リバイアサン」を見いだすわけです。

ロックはホッブズの思想の反対者だったはずですが、新世界への見方においては、人間の自然状態、原始状態を重んじるというホッブズと同様の観念に支配され、拘束されている。彼の重要な認識として、「初めにあっては、全世界がアメリカであった」という、有名な言葉があります。

彼はもちろん、それを道徳的に認めていない。「未開原住民」を殺害することは正義とは見なしていませんが、「南北アメリカの広大な土地は、先住民のものではなくて全人類のものであった」というような、うまいもの言いが、結果的に何を意味するかということでしょう。

よその土地からやってきた人が住みついて、農業を営《いとな》むことは、生産行為であって、けっして略奪ではない。ロックのこの思想は、十九世紀の北米大陸の先住民対策において、ホッブズ以上に影響を与えたと、ものの本で読みました。十九世紀後半にアメリカ政府は、先住民の生存に欠かすことのできないバッファローを一千四百万頭除去して、これによってはじめて、事実上、先住民の息の根を止めたと、渡辺惣樹《わたなべそうき》さんが書いておられます。

キリスト教のヒューマニストはだいたいそうですが、ロックも同様に「自然法」という言

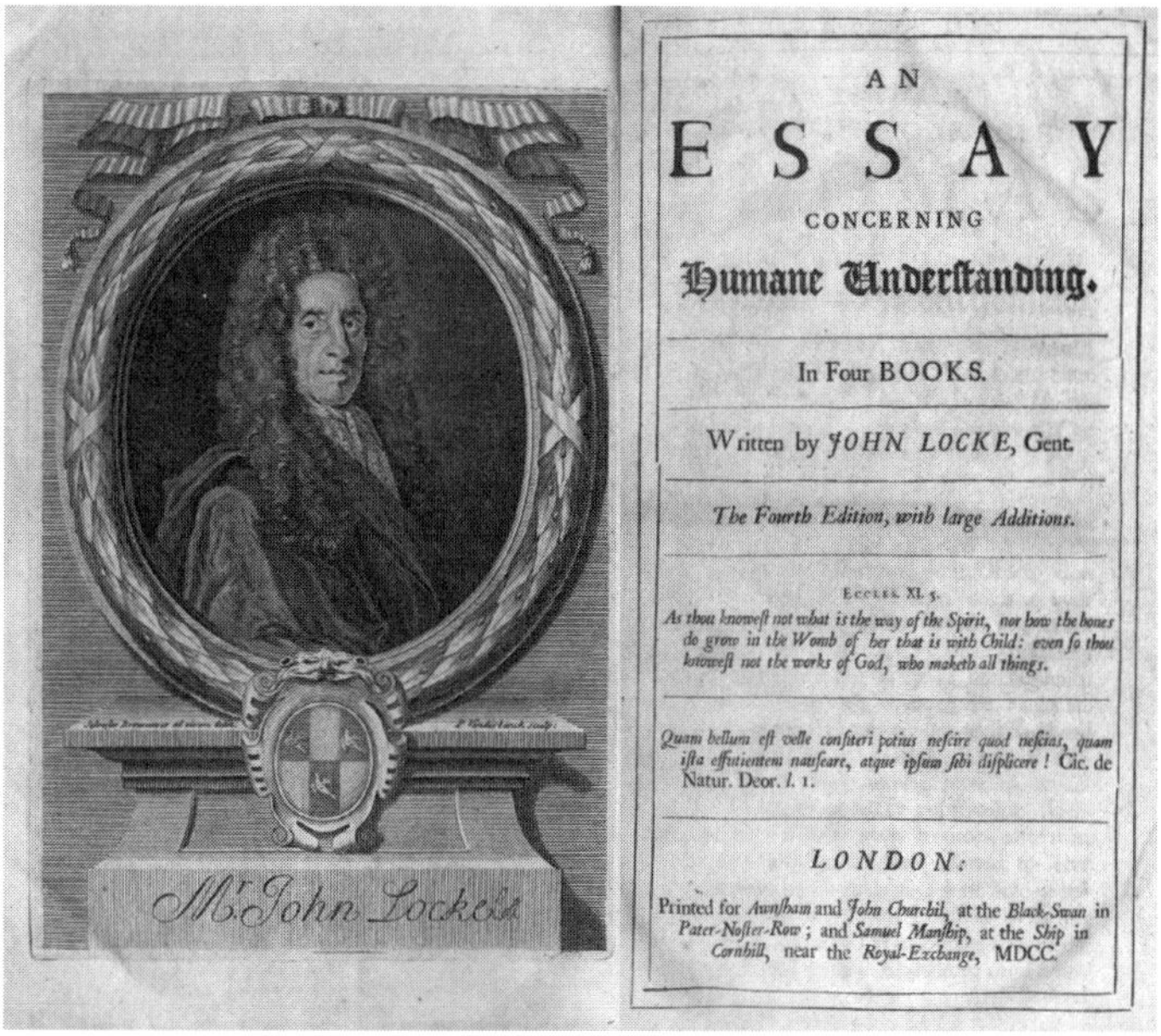

AN

ESSAY

CONCERNING

Humane Understanding.

In Four BOOKS.

Written by *JOHN LOCKE*, Gent.

The Fourth Edition, with large Additions.

ECCLES. XI. 5.

As thou knowest not what is the way of the Spirit, nor how the bones do grow in the Womb of her that is with Child: even so thou knowest not the works of God, who maketh all things.

Quam bellum est velle confiteri potius nescire quod nescias, quam ista effutientem nauseare, atque ipsum sibi displicere! Cic. de Natur. Deor. *l.* 1.

LONDON:

Printed for *Awnsham* and *John Churchil*, at the *Black-Swan* in *Pater-Noster-Row*; and *Samuel Manship*, at the *Ship* in *Cornhill*, near the *Royal-Exchange*, MDCC.

著書『人間悟性論』の口絵に描かれたロック

葉をよく使うのです。「自然法」と称して、「人類」の概念を持ちだす、「全人類」「全世界」という概念を持ちだす。これはやがて行く手に「グローバル」の概念があるわけでしょうが、曲者《くせもの》です。ものすごくいかがわしい。プロテスタント、ピューリタン、カトリックの別なくキリスト教徒には、この思想がある。「人類」という大共同体の中に生きているもの同士だからということで、思わぬ角度から顔を突っこんでくる。グロティウスもそうです。

たとえば、苦しんでいる弱い国、いじめられている弱い国があったら、それを助ける戦争は「自然法」に従う行為なのだ。「懲罰戦争（刑罰戦争）」なのであるというような言い方をして、「正しい戦争」の概念を持ちだした。これは、「人類の名」において超大国が世界を裁くときのヘゲモニーの表現です。

中西　一九九一年のアメリカによる湾岸戦争は、まさにそうですね。

西尾　そうですよ。日本が満洲《まんしゅう》問題を中心に集中砲火《ほうか》を浴びた、あの一九二〇－三〇年代の理不尽な議論もそうです。「弱い国であるシナをいじめている悪しき日本を、裁かなければならない」というアメリカの観念です。

自分が他国を迫害しているにもかかわらず、そのことは棚に上げて、迫害されている民族を助けなければいけないと考える。こういうアメリカの二重性ともいえる偽善によって、日本は轍《わだち》にはまった気がします。

イギリスからアメリカ、そして中国へ

中西　そのアメリカの「正しい戦争」イデオロギーにおいて、偽善が本質的な特徴となるから、たとえば経済制裁が、いつもパクスアメリカーナのいちばんおなじみの手段となるのです。経済制裁は何かというと、要するに「正義の独占」というポジションからの懲罰です。経済制裁をするには、それなりの法的手続きが要《い》りますが、戦前に、日本を包囲して「真珠湾」へと追いやったあの経済制裁は、石油の禁輸であったり、資産の凍結です。しかしこれ自体、明らかに戦争行為だった。

西尾　そうです。

中西　戦争行為なのに戦争行為ではないかのように国際法を歪《ゆが》める形で主張して、「真珠湾に日本が最初に手を出したから、広島・長崎に原爆をうんぬん……」というアメリカ製の歴史神話――いまやこの「東京裁判神話」は、ものごとの見える日本人には、まったくの神話だったとわかってきたけれども、こういったものを臆面《おくめん》もなくアメリカは主張しつづけています。そして、いまだにそれを受け入れる一部の日本人がいる。これはまさに「世界史の奇観」と言っていい。

懲罰戦争という概念は、あのグロティウスが語ったものであるわけですが、ヨーロッパの

近代国際法の主流は、その考えを否定しています。

十七世紀のグロティウスから、十八世紀のエメリック・ド・バッテル（一七一四－一七六七）へ、という国際法の思想の大きな流れでいくと、バッテルはまさにその流れの主流に位置づけられますが、彼はグロティウスを否定して、いわゆる「無差別戦争論」を近代国際法の中心概念として確立します。

それは、「主権国家は自ら判断して、国権の発動としての戦争を起こしても、その理由は問われるべきではない」というもので、国権の発動はもっぱらニュートラルに行なわれるべきである。グロティウスのような「イデオロギー的な選別」ではない、とくに「人類」などという普遍概念を持ちださないほうがよい。なぜなら、人類的「正義」という合理化によって戦争を始めることこそがいちばん危険だと。

つまり、啓蒙主義からヒューマニズムに至るヨーロッパの啓蒙が成熟してきて、十八世紀になるとグロティウスを否定する議論のほうが強くなります。実は、それに先立ってドイツのサミュエル・プーフェンドルフ（一六三二－一六九四）からずっとそうで、この考えをバッテルが確立します。

大事なことは、ヨーロッパが、ここで「グロティウスの伝統」を今日まで信奉《しんぽう》しているアメリカと決裂したことです。しかし、一世紀古い普遍主義的なグロティウスの国際法観が、ジョン・ロックが媒介になってアメリカに根づいてしまう。アメリカを考えるとき、ここでもロックが鍵になる。

西尾　一見、そう見えないわけです。ロックは寛容のヒューマニストですから。

中西　それには日本側の受容の問題があると思います。アメリカはロックを非常に高く評価するけれども、イギリスではロックは名誉革命を合理化した、立憲君主制を合理化した。要するに、ホイッグ一派のシャフツベリーという貴族の雇われイデオローグにすぎない評論家で、名誉革命でできた体制が定着した時点で用済みだったとするトーリー的な見方もある。つまり十八世紀以後、イギリスの議会主権が確立した時点で、ロックのイギリス史での地位はうんと低いものに位置づけられました。

西尾　そうなんですか。でも、日本でもロックの評価は高いですよ。

中西　日本では、主に宗教（プロテスタント）の視点からのロックのいわゆる〝思想〟内容とその歴史像が、アメリカからの直輸入ですからね。イギリス史ではロックは問題性のある思想家だけれども、なぜ日本ではロックをそれだけ高く評価するか。これは、アングロサクソンと日本を考えるとき、重要なポイントのひとつです。もともと日本では、プロテスタントのアメリカ史研究者たちが、戦前からロックをずっと高く評価しています。

西尾　それは知らなかった。

中西　ミッションスクール系とか。

西尾　プロテスタントですね。

中西　もちろんプロテスタントです。とりわけピューリタン系ですね。べつにそれが学問的に問題だと言っているのではなくて、近代日本の知識人にとって、ロックはとくにその宗教思想が重要だったということです。政治思想としてはロックは、ある意味ホッブズを反転させており、国際政治を否定する契機を持っているのです。

ホッブズと言わずとも、ウェストファリア条約、いわゆるウェストファリア・システムによる主権国家から成る国際社会があって、国家間でなるべく戦争が起こらないように秩序を保ち、バランス・オブ・パワーとか、条約を結んだり、いろいろな形で平和を希求する動き、これが人類等しく理想とするところだったのです。しかし、ロックを継承したアメリカの外交、たとえばウィルソン外交などは、これを反転させてしまうのです。そしてそれが二十世紀の世界大戦や冷戦につながった。

つまりホッブズは、「万人が万人の戦い」になってはいけないからこそ、「リバイアサン」つまり「国内政治は強力な中央政府をつくれ」という発想になります。

しかし、国際社会に出ていくと、国際間の平和をいかに希求するかという問題になってくるから、勢力均衡、あるいはお互いにお互いの存在を受け入れることしかないので国際法秩序が発達してきます。それで、たとえば現実を直視し、スムーズな国家承認をし、お互いに外交官を交換するといったようなヨーロッパ的な慣行ができてきます。

西尾　それが十九世紀にほぼできあがるルールですね。

中西　これを築いたのは、バッテルに代表されるヨーロッパの成熟した国際法体系です。

西尾　だけど、その成熟したものが、アメリカとソ連の登場でだめになってしまう。

中西　そうです。アメリカは、メキシコ革命やロシア革命などで現実に成立した国家を否認しつづけ、制裁や侵略戦争によって体制転換を図る。これを以後も常套《じょうとう》手段としました。同じことをまさにいま中国が南シナ海などでやろうとしている。このことは、かつてアメリカがやったことです。ヨーロッパが確立した国際秩序と思っているものに対して……。

西尾　「紙くずだ」と言った。

中西　まったく力まかせに確立した秩序への異端を唱えた。アメリカの国際法思想はいまもおかしいでしょ。特許法から何から、アメリカは国際慣行を時に大きく無視する。自分の、つまりロック以後、アメリカ大陸で固有に発達してきた国際法概念を世界に押しつける。これは、中国がいま国際法の分野でやろうとしていることです。

たとえば、海洋法がまさにそうです。イギリスとアメリカは、「近代」に何度も戦争しています。独立戦争以後、英米戦争は十九世紀の初めにやっていますし、クリミア戦争のおりにも、あるいは南北戦争のおりにも、一八九〇年代でも、中南米で何度も英米戦争の危機が起こる。

西尾　ガイアナ。

中西　ガイアナ、つまりベネズエラ危機です。このときの戦争原因も、一八一二年の戦争もみんな同じです。

西尾　とくに一八一二年の英米戦争は重要ですね。

中西　重要です。英米間のいざこざは全部、海洋国際法をめぐる紛争です。アメリカは、イギリスが確立したと思っていた海洋国際法をまったく無視します。いわゆる海上封鎖が関わる問題です。これ以上、細かくはもうやめますが。

西尾　その後、海から空へ移行するときに、またアメリカはぐんと力を増しますからね。

中西　アメリカ合衆国はつねに確立された国際法秩序に異を唱えて、それによってパクスアメリカーナを築いていった。この歴史を忘れてはいけない。

西尾　そのとおり。

中西　ですから、いまの中国のやっていることも、世界史的に見れば、けっこう通用性のあることなのです。日本人はここまで視野を広げて見なくてはなりません。

西尾　いま日本人は、その中国の意図がよくわからなくて、怖くてみんな黙っているんです。中国の覇権意思を合理的に説明できないから、日本人は呆然としているのです。

中西　アメリカの来歴を見れば、中国がこれからやろうとしていることが見えてくる。

日本人は、なぜ日露戦争後におかしくなったのか

柏原　明治以降の日本が直面したのが、国際法秩序に異を唱えるアメリカだったわけですね。日本へのアメリカの影響に関しては、中西先生はどのようにお考えですか。

中西　日本の近代史をひもといていくと、アメリカ合衆国というものの存在が、すべての日本人の歴史意識、日本の文化、文明、伝統、皇室制度から始まる日本人のあらゆる民族生活、国民生活を全部「番狂わせ」のように狂わせてしまった。この日本の狂いは、アメリカという存在抜きにして考えられない。では、どのようなアメリカが問題なのかと問われれば、やはりピューリタニズムと金融覇権だろうと思います。

西尾　そうですね。

中西　まず、金融という動機です。私は欧州史とともに、日本近代史をもう一度、かつてなく詳細に勉強し直しています。昭和のあの大戦のことを考えると、日露戦争後（一九〇五）

の日本人がなぜ、おかしくなったのか。そこから始まります。いわゆる「青年の煩悶《はんもん》」といわれた現象です。和辻はこのポスト日露の世代です。そこから始まって、近衛文麿《このえふみまろ》、尾崎秀実《おざきほつみ》などはみんなあの世代です。

西尾　それは余裕が出てきたためということですか。

中西　ちなみに畏《おそ》れ多くも、昭和天皇もこの世代です。昭和天皇は、まさしく尾崎秀実と生年月日まで全部同じです。一九〇一年四月二十九日のお生まれですから。あの大戦直前の共産主義の対日脅威の根源だった尾崎秀実と、まったく同じ日に生まれるのです。

西尾　本当？　それは知らなかった。

中西　昭和天皇の戦争指導などを見ると、明らかに大正デモクラシーの影響というか。

西尾　あるある、ものすごくある。

中西　ポスト日露戦争の、あのリベラリズムですよね。あれが色濃く。

西尾　それによって困ったケースもありますよね。

中西　たしかに作戦指導上で軍事的に疑問が残るような指導もありましたし、時には陸軍の統制派に強く肩入れするような志向も昭和天皇には濃厚におありでした。戦争末期には、梅津美治郎《うめづよしじろう》や木戸幸一《きどこういち》らの言葉に引きずられて、「もう一戦勝たなければ和平はできない」と言われ、即時講和を勧める秩父宮《ちちぶのみや》や高松宮《たかまつのみや》、近衛らの建言《けんげん》を退《しりぞ》けつづけられた。この言葉が一人歩きして、広島、長崎あるいは沖縄、すべてにかかわる話だと、戦後、左翼の歴史家がよく言ったことです。

それはさておいて、日本の近代が持ったアメリカとの関係から生じる何とも言えない「国としてのねじれ」というか、歪曲《わいきょく》というか、今日まで続く日本近代史の歪みの根幹にあるのがアメリカにおける「国際主義」という名の対外介入路線の浮上だったのです。

日露戦争後の日本人があんなに自己喪失というか節度がなくなった、あるいは「近代的なるもの」に非常に弱くなったのはなぜなのか。このあいだ、明治四十三年の「太陽」を読んでいたら、「これからは国際化の時代だ」と書いてある。「なんだこれは」と思って詳しく読むと、「日本はもっと国際化して、借金を返さなければいけない」とあります。つまり、当時の日本も国際金融の圧力によって国の方向が規制されていったのです。

日本は、日露戦争に必要な莫大《ばくだい》な戦費を米欧から借り入れた。それまでの日本の国是《こくぜ》には、「外国から借金すると国を取られる」から「外債に頼ってはいけない」という明治天皇の強いお考えがありました。

西尾 国債、債券を持たない。

中西 そうです。それは国を失う元だと。ところが、日英同盟を結び、日露戦争のために莫大な借金をした。借りた先は、有名なヤコブ・シフというユダヤ資本などです。

この借金には高橋是清《たかはしこれきよ》がたいへん功績があったとされます。あの借金のおかげで日本は日露戦争に勝てたんだというんですが、よくよく考えると、ヤコブ・シフは日本の首根っこを押さえるために貸していたわけです。しかも、実は彼は「両張り」でロシアにも貸していた。国際金融資本は片方にだけ貸してそれが倒れたら大変なことになるから、両方に貸してリスク分散をしていた。つまり、勝ったほうの首根っこを押さえつけることが目的だった。いまだに日本人は、このことがよくわかっていない。

いずれにしても、あの莫大な債権の返済条件が日本にとってものすごく不利だった。厳しい条件で、しかも利子も元本もきっちりと返さなければ、雪ダルマ式に増えることになる。だから昭和期になっても、井上準之助《いのうえじゅんのすけ》などが繰り延《の》べを一生懸命お願いしに行きます。しかもこれが、ワシントン会議（一九二二）などを始めとする、米英の大正・昭和期の対日包囲外交の大きなテコになる。そして、この圧力への日本側の反発が満洲事変につながってゆくのです。

米英に対して、戦間期（第一次世界大戦と第二次世界大戦の間の時期）の日本はどうしてあんなに腰が弱かったか。ワシントン会議であんな不利な条約を結ばされたのか。一方的に日英同盟を反故《ほご》にされ、九カ国条約などというまったく不利なものを結んで満洲の利権を抑えこまれ、米英に対する日本の海軍力の比率を低く抑えられたわけです。こんな一方的すぎる譲歩は、誰が見てもおかしいではないか。

日本がこんなものを受け入れざるをえなかった理由も、私に言わせれば、すべて借金のせいなのです。戦前の国民の三大義務は、兵役の義務、教育の義務、そして納税の義務です。納税の義務は必ず最後に言えと小学校から教えた。小学生ですから、納税の義務ときたところで、実は「日本人はおぎゃあ、と生まれた瞬間に、ひとり頭いくらいくらの借金を世界に対して負っている。これを生徒に叩きこめ」というのが、日本政府の小学校教育の基本方針のひとつで、教員がもっとも重視した訓話のひとつでした。

近代日本は、これほど対外債務という借金に、あるいは国際金融というものの呪縛に引っかかって道を誤った。このかつての日本のあやまちに、またいま過度なグローバル化によって同じような間違いをしようとしているのではないか。いずれにせよ、このことは日本の近代史家にもっとよく調べてもらわないといけません。なぜ戦間期の日本が、あんなおかしい外交をしたのか。事実、大正外交は迷走につぐ迷走です。ワシントン会議だけではないのです。あの大正外交の混迷が昭和日本の孤立を決定づけた。

日露戦争後、日本はなぜ、あんなことになったのか。その有力な原因のひとつとして、外債の圧力、米英の金融資本からの圧力が、日本の対外行動における決定的な拘束になった点は見落とせません。これは幣原《しではら》外交など日本の外交史を論じるときに、必ず引いておかなければいけない補助線だと思います。

日本人が知らないピューリタニズムの本質

中西　話は少し飛びますが、いまヤコブ・シフの話がありましたので、ここでもう一度、思想史的な議論に戻って言うと、「西洋近代」は、ひとことで言えばヘブライ化です。西洋世界にヘブライ世界が再登場したのです。

それまでは、中世ヨーロッパの「コルプス・クリスティアヌム」つまりキリスト教共同体の中では厳しく排除され抑圧されていた古代のユダヤ世界が、いっぺんに浮上したのが、宗教改革と市民革命によって生まれた「近代政治」です。

ピューリタンとユダヤ教は「旧約聖書」を共有しています。ピューリタンの聖典ははっきりと「旧約」にありますから、キリスト教圏で「旧約」の重要性が再浮上したのも「近代」です。

この話が長くなって恐縮ですが、金融というものの恐ろしさと、それが持っている西洋史の中にあるユダヤの問題、それからキリスト教世界の中に生じたカトリシズムへの挑戦つまり、それまで「新約聖書」優位だったキリスト教共同体の中において、キリスト教のドグマが反転してしまいます。これが同時に起こった。人間が神より上に行く。それは、ルネサンスではなく、私はピューリタニズムを生んだ宗教改革によってであったと思います。

ピューリタニズムの歴史を調べていくと、とくに外からそれについて論じた著作を見ると、結局のところピューリタニズムは、本質的にほとんど無神論なのです。

マックス・ウェーバーの『プロテスタンティズムの倫理と資本主義の精神』で、ウェーバーはピューリタニズムだけをプロテスタンティズムとして措定《そてい》しています。倫理というのですから、信仰それ自体ではない。要するに倹約の精神とかそういうものです。エルンスト・トレルチなども、近代の成立とピューリタニズムをものすごく重視しています。トレルチには、「近代世界の成立に対するプロテスタンティズムの意義」という有名な論文があります。これもウェーバーと同じで、プロテスタンティズムと言いながら結局、全部ピューリタニズムです。

しかし、われわれにしてみると、イギリス国教会でさえプロテスタントというでしょ。もちろんルター派もそうです。その他もろもろのプロテスタンティズムはいっぱいあるのに、どうしてピューリタニズムだけが代表格に据《す》えられているのか、私にはこれがずっと若いころから疑問でした。

日本における諸学、社会科学も人文科学もみんなそうですが、どうしてキリスト教をもう少し日本人にしっかりと外在的に教育しないのか、研究しないのか。本当に不思議です。

西尾 いまキリスト教の話が出たから付け加えると、カトリックは教会が神の国です。神の国は現実に存在しているのだから、これ以上じたばたするなと。これ以上革命を起こすとか、そういうことは考えなくてもいいんだと。それよりもひたすら信仰をしなさい、教会に忠誠を尽くしなさい。そういう意味では、きわめて保守的です。

それに対してプロテスタントは、これから神の国を実現しなくてはいけない。急進的なプロテスタントは、明日にも実現する。そうでないプロテスタント、つまり長老派などは、「神は再臨《さいりん》するけれども明日ではない。しかし、革命は起こるんだ」と教えています。急進的革命主義と漸進《ぜんしん》的な革命論は政治にもありますが、キリスト教の中にも急進派とゆっくり進めというのと二派ある。

カトリックはもっと現実主義的で、もっと保守的で、もっといまの人間の愚かさを含めた世界そのものを肯定していると私は思います。アウグスチヌスからずっとそういう考え方で来ています。

中西 カトリックを論じるときに大事なことは、カウンター・リフォメーションいわゆる反宗教改革です。これでカトリックも少し原理主義的になる。イエズス会以後のカトリシズムは相当にピューリタニズム的であり、攻撃的になってしまっているので、同じカトリックといってもそこは少し仕分けが必要だと思います。

もうひとつ、この関連で言っておくと、ハーバード大学の歴史は非常に示唆的です。ハーバードはどう見ても、ニューイングランドにイギリスのもっとも急進的なピューリタニズムが移植された場でした。いわばピューリタニズムの象徴のような存在でしたが、十八世紀半ばにかけて、あっという間に三位一体《さんみいったい》の否定や、いわゆる理神論《りしんろん》や汎神論《はんしんろん》の世界にぐっと傾いた。

無神論とは言いませんが、ユニタリアンは明らかに理神論や汎神論と同様、キリスト教の根本教義である三位一体を無視します。ユニタリアンですから、ディアティ（神）つまり神性、絶対神としての超越的存在、その一点だけです。パスカルの有名な言葉がありますね。最初の一突きだけを神に頼り、後は全部物質主義で論じていく。デカルト的なるものの本質をパスカル流にこう言っている。

話を戻すとハーバードは、十八世紀の半ばからユニタリアン化し、そして目に見えて世俗化します。その代わり、政治的に急進化します。

西尾　アメリカのプロテスタントは、ピューリタン革命の人たちが行ったり、また戻ったりして相互に影響しあっていて、厄介です。

中西　イギリスのケンブリッジ大学とアメリカの「ケンブリッジ」つまりハーバード大学のあいだで、大西洋を往復してますます急進化する構図になる。英米間の共振はつねに厄介なんですね。二十世紀でもそうでした。

西尾　それは第二次世界大戦に至るまで、キリスト教終末論である千年王国論は、アメリカの戦争に影響する。

中西　影響しますね。

西尾　つまり、基本的にキリスト教の中にはプロテスタント的な要素がある。原始キリスト教時代からずっと見ていると、カトリック教会とプロテスタントの抗争の歴史がにわかに起こったわけではない。初期キリスト教から問題があるんです。

なぜならば、祈りというのは、あくまで個のものである。それに対する教会は組織です。組織と個人とでは、宗教的心情はどうしても対立せざるをえない。それがいちばん典型的に現れるのは、赤ん坊のうちの洗礼の問題ですね。幼児洗礼です。

おもしろいのですが、カトリックの友人に、「あなたはどういう自覚があって、キリスト教の信仰を選んだんですか」と聞くと、日本の場合はだいたいみんな、「親がそうだから」と。世界的にそうです。個人の自覚などどうでもいい。いったん幼児のうちに洗礼してしまう。すると、はたしてこれでいいのかという疑問が出てきます。この疑問が、プロテスタント的な自覚の始まりでもあるわけです。

もうひとつ、罪を犯した聖職者から洗礼を受けた場合、その洗礼は無効になるのか、ならないのかという問題があります。これを無効にすべきだというのも、きわめてプロテスタント的な純粋主義によるものです。

ところがアウグスチヌスは、はっきりと「無効にはならない」と言います。なぜならば、昔は兵士に焼印を押した、羊にも焼印を押した。貨幣にも印がついているだろう。それと同じように、洗礼を与えたら、形式さえ整っていれば、たとえ犯罪者が洗礼を与えたとしても、それは神の印なんだと。カトリックの中にある、きわめて保守的な、きわめて組織防衛的な発想です。

中西　そうですね。実はアウグスチヌスからあったんですよ、カトリシズムとプロテスタントの分裂がね。

西尾　しょせん「組織 対 個」ですから、四～五世紀のころにもドナティスト論争などというものがあった。それが中世の長いあいだ隠されていたのが、千五百年たって爆発した。これがプロテスタントの運動です。

カトリックは自民党と似ている？

柏原　おもしろい議論になりましたね。ピューリタニズムとプロテスタンティズムは区別して考える必要があるということですね。

西尾　カトリックは、たくさんの自然宗教と合体している。中世初期にもいろいろな自然宗教があって、それと混じり合っている。必ずしもそれと戦わないできている。だから、プロテスタントから言わせると、カトリックは異教です。たくさんの自然宗教や異民族の宗教と競合して、それをまとめてしまっているから。

柏原　聖母マリア信仰も、地母神《ちぼしん》信仰みたいなものを吸収していく過程で成立していくのですね。

中西　ある種、まったくキリスト教になじみのない、純粋原始日本人のような感覚を持った日本人、たとえば江戸時代の日本人が、カトリシズムにはすごく親近感を持ちます。それには、日本人もなじめた迷信がいっぱいあったりする。ある種の土俗的な信仰の傾向で何か深く共鳴しあう。

このあいだ、五島列島《ごとうれっとう》から島原《しまばら》の隠れキリシタンの里といわれるところをずっと回ってみたら、これはしっくりくるはずだとわかりました。江戸時代までの日本人がすごく近しい感覚でキリスト教を受け入れたのも、なんとなくわかりました。

柏原　マリア観音とか。

中西　マリア観音もいっぱいありました。聖水、ルルド信仰とか、全部直輸入ですが。カトリックは、ある種、カルト的です。他方、プロテスタンティズムでも、当初のピューリタニズムは私に言わせれば、ほとんどイスラム原理主義です。すべて取りはらって、極限まで抽象化してリアリズム一本で行こう。今日のイスラム原理主義の強い攻撃性と純粋性は、まさにピューリタニズムだなと思いますね。

柏原　プロテスタントの中でも、ピューリタニズムは強い。

中西　攻撃性は特別強いですね。日本人は、おそらく外からの知識としてピューリタニズムの教育はほとんど受けていないし、知識人でも、この知識が皆目《かいもく》ない日本人が多いのではないかと思います。しかし、これは非常に重要なことで、アメリカとの貿易摩擦《まさつ》とかの話でも、突きつめていくと日米関係はピューリタニズムの問題に帰着することがけっこう多いのです。

西尾　自然科学というものがピューリタニズムなんではないですか。

中西　それこそハーバードの自然科学の学部などへ行くと、いまもユニタリアン風のピューリタンの人がとても多いです。

西尾　一方のカトリックの考え方は政治的です。組織防衛的な意味において政治的です。ヨーロッパ中世の社会は、ひとつの大きな共産主義体制みたいなものと似ているのではないかと思う。

中西　「戦後日本の自民党について説明してくれ」と欧米のジャーナリストにインタビューで聞かれると、いつもこう答えます。「自民党はカトリック教会と思えばいいんだ」と。

西尾　そうそう、似ている。曖昧《あいまい》なところがね。

中西　清濁《せいだく》合わせ飲んで、組織防衛だけすごく強くて、イデオロギーなど、あとはなあなあで。

西尾　しかしカトリックが、自民党と違うのは、内部の異端に厳しかったところです。

中西　たしかに、そこは共産党の分派闘争と同じですね。

西尾　内部の異端には厳しかった。同じキリスト教内部の異端には厳しかったのに、異教徒には寛大でした。

そうしないと生きていけない。自分が伸びていくためにも、いったん退くためにも、異教徒とは手を結ぶ。たとえば、モンゴルと手を結んでイスラムを叩くとか、そういう点では、とても政治的です。しかし、内部の異端には、ものすごく厳しかった。自民党は内部の異端に厳しくないから。

二章　アメリカの正体

アメリカに選択の余地はない

柏原　二〇一六年十一月八日にアメリカ大統領選の決着がつきました。事前での予想では、ヒラリー・クリントン候補が優勢だったのですが、蓋《ふた》を開けてみれば、予想外のドナルド・トランプ候補が当選しました。

中西　トランプ大統領の登場とは、七十五年前からの懸案だった「日本の世界史的立場」の回復にはうってつけの人が出てきたわけです。

柏原　あらためてトランプの登場には、いかなる意味があるのでしょうか。

中西　トランプの登場は、私に言わせれば、まず、アメリカが正式に冷戦を終えたことを認めたこと。この二十五年間、アメリカ一国だけが、ずっと前に終わったはずの「冷戦」を戦いつづけていた。

西尾　二十五年間、冷戦の残務整理ね。

中西　ただ、当のアメリカは残務と思っていなかったのです。だけど、やっていることは湾岸戦争からずっと、イラクに行って、アフガニスタンへ行って、NATOを東方に広げて……と、きわめて攻撃的・膨張的で、冷戦時以上の覇権志向を全開させてきた。しかし、それはすべて挫折して、もう世界から引く時機が来たかも、と思いはじめたのが、トランプ当選に結びついた。

おそらくトランプがこのまま四年間やれば、冷戦後の「パクス・アメリカーナ」は半分以上、壊れていると思います。どっちみちアメリカという国は、孤立主義に戻っていくしかないわけで、そのことは「世界の警察官にならない」というバラク・オバマの後を継ぐのだから、トランプであれ、ヒラリーであれ、当然、その路線を行くわけです。

西尾　そうは言っているけれども、あの顔を見ているとパクス・アメリカーナがやりたくてしょうがないんじゃないかと。

中西　たしかに再選に役立つなら、なんでもやるでしょうね。そしてまた、挫折する。それはヒラリーだって、同じことをしたと思います。

西尾　同じですよ、ヒラリーも、トランプも。

中西　こうしたことは歴史的潮流だから、大局的にはアメリカに選択の余地はありません。世界では相対的なアメリカのパワーが下がっているのですから、しょせん誰がやっても同じことです。

さらに大局的に言えば、ルーズベルト以前のアメリカに戻るのです。一九二〇年代の、あのアメリカを想像すれば、われわれはある程度ビビッドに、トランプ以後のアメリカはこんな国になるのか、とイメージできるのでは。トランプの客観的位置はああいう感じで、まさにフレデリック・ルイス・アレンの描いた「オンリー・イエスタデイ」のアメリカです。およそ百年前のアメリカ、文明史的に言えば、まさに「つい昨日の話」なのです。

そして、むしろこの一世紀のアメリカが、一場の夢を見ていたわけです。「世界覇権国」の見果てぬ夢を見た。「ローマの夢」を。われわれ日本人も、昭和十七年に一場の夢を見たわけですが。「大東亜共栄圏《だいとうあきょうえいけん》の夢」を見たのです。いずれにしても、いまのアメリカはたぶんそういう意味で、この百年でひとつの大団円に近づいてきている。

その意識の中で、日本がどうするか。これははっきりしています。アメリカが引っこんで、今後、明らかに多極化する世界で、あくまで日本も一極として立つ。これが、日本の唯一の道だと思います。今後は何よりも、安全保障も、経済も、自国単位でやらなければいけない時代ですから。

西尾　その上で、どこかと協力するのであれば。

中西　それは外交戦略の問題で、その場、その場で切りかえていけばいい。

西尾　だから、非常に厳しい状況なんです。

中西　日本という国の不得意な技かもしれない。だから、「戦後」を超える重要な機会としてとらえなければ、たしかに厳しいです。

西尾　他国に依存して、「ごめんなさい」と眠っているほうが楽に決まっている。

中西　戦後の惰性のまま、プライドというものをすべて捨てればね。
西尾　それは乞食の自由なんですよ。
中西　奴隷の平和だった、というべきでしょう。

インテリの世界観という害毒

柏原　もうひとつ大きな問題として、今回の大統領選の世論調査は、ことごとくはずれていた気がします。
西尾　アメリカの世論調査でしょ。
柏原　そうです。アメリカの世論調査があんなにずれていました。トランプに対して好意的な報道も、ほとんどなかった。
西尾　ほとんどない。
柏原　あらためて世論操作の数値がねじ曲げられていた可能性が、非常に高かったように感じています。
西尾　結果が出て、メディアがそれを弁解しているんです。本音を言わなかったアメリカ人が何パーセントもいて、それが数字になって出てこなかったのだから、正しく予測できなかったのは、われわれの責任ではないと。アメリカ国民は世界から見ても恥ずべき選択をしてしまったということを、いまだに言いつづけている人が一部にいる。

しかしこれは全部、嘘なんだよ。日本人であっても藤井厳喜《ふじいげんき》さんなんかは、データをたくさん出して、トランプ勝利を予測していた。

CNNは「クリントン・ニュース・ネットワーク」と揶揄《やゆ》されているそうですが、日本の大手メディアは、そのCNNの報道をそっくりそのまま受け売りしている。日本の大手新聞やテレビ報道が情けないのは言うまでもないことだけど、いちばんおかしいのは、大元《おおもと》であるアメリカのメディア。

柏原　アメリカの場合、世論調査でトランプ優位という調査結果を出していたのは、私の知るかぎりロサンゼルス・タイムズです。

中西　左派ですがロサンゼルス・タイムズは、一貫して「トランプ優位」と報じていた。

柏原　ここだけは、他の調査機関が出す数字と明らかに違う。なぜそうなのか、ずっと疑問です。逆に、ロサンゼルス・タイムズが何か操作をしているのではないかと疑ってしまいました。

中西　ロサンゼルス・タイムズは、ニューヨーク・タイムズといい勝負の左寄りです。

柏原　そうなんです。それがなぜこんなものを出すのか。逆に、警戒感を出すためにやっているのではないかと思ったのですが。

西尾　ただ、今回のアメリカの件は、左とか右とかの問題ではないんです。

中西　ないです。いまのところ、何かよくわからないけれども、僕はＳＮＳの存在がものすごく大きかったと思います。ソーシャル・ネットワーク、フェイスブックやツイッターです。

西尾　そっちはトランプだったんでしょ。

中西　そこではつねに、「トランプ優位」という、いろいろなデータやニュースが流れていました。六月のイギリスの国民投票、ＥＵ離脱を決めた「ブレグジット」のときも、ＳＮＳでは圧倒的に離脱派が優位でした。

ところが大きなメディアの報道、世論調査会社、イギリスは賭《か》け屋が暗躍しますからロンドンの賭け率会社、そういったものは、大手になればなるほどみんな「残留だ」という報道でした。何かおかしいな、これはおかしい。投票前ロンドンでいろいろなところを回って聞いた肌感覚とはかなり違いました。このイギリスと同じ現象を、アメリカが追体験したのではないかと思います。

西尾　幻想が世界中にある。

中西　あるんですね、「グローバリゼーションはとどまることなく永遠に進む」という幻想が。

だから、インテリの世界観が固定されてしまっているんです。「反グローバリズムという、あの怪《あや》しげなやつら」「人間的・良心的でないやつら」「知識、教育水準の低いやつら」というふうに、こちらもメディアから何から偏見に凝《こ》り固まっている。双方とも、ひとつの筋書きを信じていて、「操作している黒い司令塔」みたいなものがどこかにあると。

西尾　何ものかの陰謀ではなくて、私は大衆社会化現象が生んだ妄想だと思うね。

中西　この三十年間くらいのグローバリズムの進行で、自然発生的にそういうものが、双方の側に固定化してしまった。

西尾　いや、むしろこれは、共産主義の崩壊の次に起きている大きな現象です。私はこれをソフト・ファシズムだと言ったことがある。

中西　これは「新しい共産主義」です。そういう目で見ると、同様の現象は日本でも起こっている。

西尾　ずっとそうです。

中西　双方の側に、二十一世紀の全体主義のようなものが見出される。

西尾　トランプの件で、おおいに欧米のメディアも自らを改めるならば、日本のメディアも同様に襟《えり》を正して自己反省しなければいけないと思います。ところが、ごまかすようなことばかり言っているね。

中西　双方どちらも、頑《かたく》なになる一方で、今後もけっして交わらないでしょう。「ブレグジット」の後も似たようなものでしたね。

柏原　あまり理論的ではない、妙な固定観念が双方にありますね。しかもさほど自覚されていない。

中西　とりわけ日米欧など先進国で、とくに従来の支配層、つまりエスタブリッシュメントの側では「グローバリゼーションの永遠の進行」という神話が完全にこびりついてしまっています。これは、たかだか冷戦終焉後のことなんですが、この先進国のインテリの世界観をここで一転させなければ、世界はとんでもない地獄に落ちる。

歴史をねじ曲げて、政治利用する

西尾　インテリ層の大きな誤解ということでは、よい例があります。今回の大統領選挙にのっかる形で、「建国の父」アレクサンダー・ハミルトンのことを描いたミュージカルが評判になっているという報道がありました。

このミュージカルが、「移民万歳」のイデオロギーと重ねあわせる演出で上演されているわけなんです。

中西　ハミルトンは移民じゃないですよ。植民者というべきです。歴史をねじ曲げている。

西尾　言ってみれば、そうやって都合よくハミルトンを理解している彼らのイデオロギーがとてもおかしなものなのではないですか。

トランプとヒラリーは、アメリカ第一主義という点ではあまり変わりはないです。トランプははっきりと、「アメリカ・ファーストは、国際社会の基準でなければいけない。国際社会の法則だ」と言っていました。そうやってアメリカは同盟国を誹謗《ひぼう》したりしているけれども、「同盟国を必要としているのはあなたの国のほうではないのか」とむしろ言いたい。同盟国がなくてアメリカは自分を維持できるのか。そこまで追いこまれているのではないかと。昔の夢を見ている点では、ヒラリーもトランプも同じです。

中西　同じですね。

西尾　そこが選挙で明らかに見えたと思っているのですが、どうですか。

中西　そのとおりでしょう。実は私は、今回の大統領選挙では、バーニー・サンダースの勝利を願っていたのです。日米両国のために、彼に勝ってほしいと思っていた。もちろん、左翼は嫌いですよ。しかし、トランプよりも正直な孤立主義者であるサンダースのアメリカなら、日本は大きな自立のチャンスに恵まれるからです。また、いまのアメリカ人にとっても彼は必要です。いまのアメリカはものすごくひどい格差で、とんでもない。

西尾　もう、めちゃくちゃ。

中西　本当は左翼ではなく、「保守のサンダース路線」が必要だったんです。とうていトランプはその器ではないですね。これからの日本の保守も、格差是正というか、格差をなくす新基軸を打ちださないと、もはや未来はないと思います。安倍《あべ》さん型の保守は、もはや古い新自由主義で、いまや限界。

西尾　彼にはできない。だって、小泉《こいずみ》由来だもの。

中西　アメリカの二周遅れの日本で、変なグローバリズムの新自由主義が進行している。日本のことはいいけれども、アメリカはあれだけ政治腐敗と格差が進んで、ワシントンは完全に金融支配でしょ。

西尾　怪しい動きですよ。

中西　保守が新自由主義に傾きすぎたから。

西尾　そうなっちゃう。

中西　いまの保守は、「反格差」という保守本来の軸心、そこがガラ空きになってしまっているのです。ベンジャミン・ディズレーリではないけれども、「人民の保守主義」でないといけない。

西尾　日本はまだそこまでにはなっていないと思うけど、アメリカの一流大学に通うと、八百万円くらいかかる、年間ですよ。ローンが払えない若い人が増えています。ハーバード大学なんかを卒業すると、二千万円くらいの年収の仕事につけるというのだけれど、つけなかったら破産です。

もっとも、そのローンさえ組めなければ、一日数十ドルの日銭を稼《かせ》ぐしかない絶望的な状況です。結果として、勝ち組であるインテリ層が再生産されていく。

中西　ちょっと大げさですが、アメリカで金融アナリストをやっている伊藤貫《いとうかん》さんが、月刊「正論」で、そこらへんをものすごく赤裸々《せきらら》に書いていました。とくに彼のあげている数値はすごく参考になります。いくらウォール街の景気がよくなっても、食えないアメリカ人がどんどん増える。

さっき出たミュージカルのハミルトンもそうです。ハミルトンをアメリカの歴史の中できちんと位置づければ、彼は、ジャマイカから来たスコットランド系のエリートの植民地人で、独立直後のアメリカで「富国強兵」の使徒でした。これは、私の見方ではなく、歴史の教科書に書いてある見方です。
そして、歴史上の役割から見れば、彼は保護貿易主義者として有名です。一方、南部の農業地帯が自由貿易です。そちらはジェファーソンのアメリカです。

西尾　そうそう、トマス・ジェファーソン、農民と労働者の立場。

中西　「ハミルトニアンの国家主義」と「ジェファソニアンの草の根デモクラシー」の二項対立、これがアメリカ史を貫く最大のモメントです。

西尾　「ハミルトン　対　ジェファーソン」の図式は、いまのアメリカにはまったく適用できないのではないですか。

中西　できません。両方とも、ネオコンと新自由主義が出てきて、なくなってますから。

西尾　どこにも、その対立図式はない。だから「トランプ　対　ヒラリー・クリントン」で、トランプを否定する材料なんかにならないのに、ミュージカルに利用されたりする。

中西　アメリカ外交史の、民間の評論家でなかなかよく読まれている人で、ウォルター・ラッセル・ミードという人がいます。彼がアメリカで外交論を出せば、いつもベストセラーです。
そのミードは、アメリカ外交には四類型があると唱えていますが、そのひとつが「ハミルトニアン・ディプロマシー」あるいは「ハミルトニアン・パラダイム」なんですね。要するに、ガチガチの産業資本主義、国家金融資本主義です。アメリカの各州を連邦としてひとつの国にする。十三州はお互いに平等の国家としてイギリスと戦って独立したのに、「それではだめだ、ひとつになれ」という。実はこれは、反アメリカ的といってもよいほどの典型的な中央集権主義です。また、パワー崇拝の権力政治主義です。

ハミルトンは、キリスト教の一派、スコットランド長老派を信仰する家系の出です。そもそも彼は、ジョージ・ワシントンの下でイギリス軍と戦ったときの作戦参謀ですから、もともと武断的な人です。例のミュージカルのキャラクターになるような人物ではない。

普通は、リベラルなアメリカ人であれば、ハミルトンのことはみんな嫌います。今回のミュージカルは、対トランプ用に創作されたもので、完全に歴史をねじ曲げていた。日本の左翼の劇団がよくやりそうな手だけれども、あんなものを見せられると、アメリカ史をまじめに学んだ人間は許せない。と思う。しかし、こんなものに、選挙の年だからアメリカのメディアが乗っかって好意的な評価を書く。WASP《ワスプ》(ホワイト・アングロサクソン・プロテスタント)はそこまで落ちたか、と嘆息《たんそく》しましたね。それほど東部のインテリは、トランプに警戒心が強いのでしょうね。

白人保守層の不安と怒りの矛先《ほこさき》

西尾　トランプにアメリカ人の意識が集中した理由は、やはり偽善に対する保守の怒りでしょう。メディアは、白人労働者や学歴の低い人たちが扇動された結果ということにしたいようだけど、それは大きな間違いですよ。

近年のアメリカには、アメリカ人の保守の人がいらだちを覚えるようなイデオロギーがたくさんあった。そのことは、江崎道朗《えざきみちお》さんの、『マスコミが報じないトランプ大統領の秘密』が教えてくれました。

中西　あの本は大事なことを書いていますね。

西尾　「ホワイト・ギルト」という言葉をあの本ではじめて知った。「白人であることの罪」――そんなものがアメリカに芽生《めば》えていて、ポリティカル・コレクトネスの温床になり、江崎さんに言わせると、「この白人の自虐心理がオバマ政権をつくった」と。だから、「オバマ政権はマイノリティ優先じゃないか」などと言うと、「お前は差別主義者なのか」と非難を浴びせられる。それが怖いものだから、ものが言えなくなるという話です。わが国にも、韓国問題、中国問題など、似たような心の働きがありますが。

アメリカ白人は、そういうものに歯ぎしりするような思いをしていた。ちょうど最高裁判事にひとり欠員ができていて、その欠員をトランプ政権が埋めるか、ヒラリー政権が埋めるかという、岐《わか》れ目になる重要な問題があったんですね。

どちらが選任されるかによって、ここ何年間かのアメリカの運命が変わると、一部の白人は深刻に考えていたようなんです。もしヒラリーが裁判官を選ぶと、いわゆるＬＧＢＴ（レズビアン・ゲイ・バイセクシャル・トランスジェンダー）や堕胎手術などカトリックが禁じている事柄について、無制限に妥協する裁判官が選ばれる可能性が高くなる。それに対して、大きな不安と怒りを持っているアメリカ人が少なからずいる。

トランプが出てきて、その流れを断ち切ってほしいと。たとえトランプが悪政を行なったとしても、それひとつでもやっておいてくれれば助かるんだという、強い思いでいる人が、アメリカ白人の保守的な知識階級の中にはいる。そういうことを、日本のメディアは一切報告しなかった。

ホワイト・ギルトという観念は、われわれにも非常によくわかる。韓国人や在日朝鮮人が日本人や日本の社会文化を罵《ののし》るのは当然の権利と言いたてて、その逆はヘイトスピーチだ、許せない——こういう主張がまかりとおる風潮に耐えられない日本人が出てきている。同じような心理が、アメリカにもあったのかということなんです。

今度アメリカがすごいと思ったのは、ついにトランプのようなリーダーを打ちだして、そういった風潮をぶっつぶすという革命心理がアメリカ人にはあるということが、わかったことです。

日本では、朝日新聞がとんでもないことをやっていながら、まだまだ全国民の中から、激しい怒りの声が上がってこないじゃないですか。一部が強く主張しているだけで、全体としては盛りあがりが足りない。しかし、アメリカという国はやるんだなと。今度あらためて、そう思ったんです。

帝国主義と世界覇権主義

中西　「トランプ勝利確定」とのニュースが流れたのち、首相官邸で安倍首相が出てきて、ぶら下がり会見に応じていましたが、そのとき、「日米同盟は普遍的価値の太い絆《きずな》で固く結ばれた揺るぎない存在だ」と言ったんです。「トランプ新大統領とともに仕事をするのを楽しみにしている」、ここは紋切りです。しかし前半の「普遍的価値」という言葉に、私はものすごく違和感を覚えた。

西尾　予想と違ったんで、あわてたんでしょう。

中西　この人はわかっていないんだなと。「普遍的価値」という言葉を使うと、トランプと価値を共有しているという意味にも取られかねない。きわめて危険な発言です。ドイツのメルケルは、「アメリカの新政権が人権、法の支配、自由、民主主義を、もしわれわれと共有するなら、ドイツはアメリカの新政権とともにやっていく」と言いました。

西尾　メルケルもおかしいな。私は、トランプがそういった価値を否定しているとはまったく思わないですよ。

中西　そこはあえて念押しをしているのだろうと思う。

西尾　疑うのも傲慢《ごうまん》だよ、メルケルは。

中西　それは、いまやドイツ帝国、欧州の盟主ですから。トランプにことよせて、いまこそアメリカと距離を取ろうというのは、政治感覚としては悪くないです。心配なのは安倍さんでね。安倍さんが「普遍的価値」と言ってましたが、トランプであれ、ヒラリーであれ、これはいまやもう古い響きを感じさせる。「同盟国だから、他国よりも仲良くしたい」と言っておけばいいのです。

いまの世界は、［Every nation for itself.］——どこの国も「自国のことのみを考える。世界のことは神様に委《ゆだ》ねる」と。これが時代精神です。同盟国と仲良くするのは、自国の国益ですから、こういうのが時代に合っているのです。

そこへ持ってきて、そもそも「普遍的価値」って何なのか。そういう言葉で国家間のつながりを語ること自体が、いまや空疎《くうそ》であるだけでなく、ひとつ間違えると非常に危《あや》うい。

西尾　帝国主義的意識ということで言えば、ヒラリーもトランプも、「アメリカ＝帝国」という観念は持っています。アメリカは自国のナショナリズムをつねにグローバリズムの名において語り、グローバリズムとは自分たちのナショナリズムのことを言っている。その確信というか妄執《もうしゅう》というか、それは両候補どちらにも共通しています。現われ方が違っているだけです。

格差社会、あるいはマーケット至上主義がもたらす災《わざわ》いを知っているか、知っていないかの違い、あるいはそれを壊そうとしているのかどうかだけのことです。どうですか、トランプにも明確なマーケット至上主義を否定する思想があるわけでもないですね。

中西　まったくないですね。

西尾　プログラムがあるわけでもない。

中西　これもないですね。現に、法人税を一五パーセントに引き下げると言っています。そんなことをしたら、格差はいっそう大きくなる。

西尾　そうそう、いっそう大きくなるし、格差が大きくなるような。「金持ち減税」と揶揄されています。

中西　しかし、もともとそのへんがこの人の本当の立脚点なんです。つまり、徹底した金持ち優遇の古いネオコンの、さらにより乱暴なバージョン、それがトランプだというのが、始めから私の見方です。

西尾　何をしようとしているのかよくわからないというのが事実です。よくわかったのは、「メキシコとの国境に壁をつくれ」と言ったことと、「日本にも核武装を」と言ったことだけは、みんなの頭にはっきり残っている。

中西　どちらも就任したら、うやむやにしてしまうでしょう。そもそも、トランプが勝とうと、ヒラリーが勝とうと、私には、もともとそんなことはたいして興味がなかった。オバマも含めて、いまのアメリカは孤立主義に行くしかないのです。

一九八九年に冷戦が終わったのち、湾岸戦争（一九九一）があったとき、アメリカの世界覇権主義はすでに前向きの目的を失っていました。ウッドロウ・ウィルソンあるいはフランクリン・ルーズベルト以来、アメリカは一貫して、ずっと世界覇権を求めて二十世紀の世界をさまよってきた。

ところが冷戦が終わってしまったら、何のために世界に出張《でば》るのか、「歴史は終わった！」といわれた時代に、アメリカが世界を仕切る大義名分はないのですから。

そこは、帝政ローマのような「無思想のグローバル帝国主義」か、あるいはジェファーソンのアメリカ、つまり「草の根的な孤立主義」のアメリカに戻るか。原理的に二つにひとつしかないのです。そこで決心がつかずうろうろして、この四半世紀、世界を仕切ろうとして、いまの大乱の世界をブッシュ父親以下のアメリカの指導者がつくってしまったのです。

西尾　迷走ですね。でも、アメリカの外交政治政策は、ここ十年、二十年だめだったのではない。アメリカが大国になって以来、アメリカがイギリスの手を離れて大国になったのは二十世紀の頭ですが、それ以来アメリカは、世界最強の軍事力を持つ国なのに迷走を続けて、世界に迷惑をまき散らしてきたと、私にはそう思えますけどね。

中西　私は、アメリカは二十世紀初頭以来、一貫して世界覇権を意識的にめざしたと思います。

西尾　そうです。

中西　ウィルソンとフランクリン・ルーズベルトは、いわゆる「普遍的価値」を口実にイギリスを追い落とそうとする世界覇権主義を大戦略にして、二度の世界大戦をやったわけです。

西尾　その前ですね。セオドア・ルーズベルトの時代から、あるいはウィリアム・マッキンリー、あのあたりから。

中西　米西《べいせい》戦争（一八九八）はその例でしょう。ただそれは、まだカリブ海や太平洋の覇権に手を伸ばしはじめた、という段階で、世界の覇権までは行っていない。

西尾　でも、リンカーンの時代から、そうかもしれませんね。

中西　精神的・思想的にはね。リンカーン、あるいはペリー来航（一八五三）も「マニフェスト・デスティニー」の衝動からですね。対外膨張の志向は、共和党が本家ですが、その共和党の元をつくったのは、リンカーンの〝アメリカ連邦〟という名の帝国主義思想ですからね。

西尾　ピューリタンですからね。アメリカというのは一貫して帝国意識を持った。

中西　それで言えば、アメリカの帝国主義、つまりグローバル覇権への衝動は、先ほどのハミルトンにまでさかのぼります。そこにピューリタニズムが重なると、世界をアメリカ帝国のイメージ、理想像に合わせてつくり変えるのがアメリカのミッションだとされてゆく。実際、建国の父というのは、十八世紀の原初帝国主義者です。

『アメリカ外交の魂――帝国の理念と本能』という拙著でも私は書いてきましたけど、アメリカという国は、イギリスからの独立戦争へ突入するときから、帝国主義をもって生まれた国です。そして十九世紀の百年、孤立主義に立てこもっていても、その精神のありようは一貫して帝国主義への志向でした。

純潔なアメリカ、帝国の夢

西尾　アメリカの帝国主義を私なりに整理して考えてみたいのです。アメリカの社会はいまもって「中世的」な社会構造を持っている。アメリカという国家は、成立の段階からそうだったんじゃないかと思う。「近代」といわれるようになってからも、ホッブズが表現した「人は人に対して狼だ」の世界観を持っている。「中世的」な混乱、「中世」の社会にあったような自然状態を持ちつづけている。

ですから、その社会の混沌《こんとん》と対決し、秩序を保つためには、暴力しかないというわけなんです。われわれがアメリカを考える場合、まず、このことを念頭においておかなくてはなりません。あの国で銃規制が難しいというのは、このことのほんの一例です。

われわれはマルクス主義の影響によって、「近代」というものを発展段階でとらえてきました。「古代」「中世」「近世」「近代」、そして現代と、進歩や発展の理念を単線構造で考えがちだった。いまの時代が、かつての時代より悪いはずがないという。頭の中がどうしてもそうなっているのは、マルクス主義の影響だと思います。

中西　そうですね。

西尾　そういうものは、実はおかしい。アメリカの「近代」は発展と文明をかかげてきた。これはそのとおりだけれども、同時に闇もかかえている。科学技術を中心とする「アメリカ文明」の御旗《みはた》をかかげると同時に、ものすごい宗教的信仰のトラウマに憑《と》りつかれている集団である。かつ、桁外《けたはず》れな組織的暴力、国家暴力の観念を持っており、実際にそれを内外で行使してきた国家でもある。そういう意味で、非常に「中世的」な社会です。

しかも、アメリカはそのことを普遍化し、美化してきたともいえる。古いヨーロッパを乗り超えて、美しく、人道的で、生き生きとしたアメリカをつくるという理想をかかげてきた。「腐敗しているヨーロッパ」に対する「純潔なアメリカ」というイデオロギーにおかされつづけてきた。

建国当時から、そういう幻想に憑りつかれていて、それを世界に押しつけてくるのが、われわれが見てきたアメリカの姿だったという気がします。アメリカがイギリスから独立した時点で、国家として産声《うぶごえ》をあげた時点で、次の帝国になることが意識されていました。

かつて「四つの帝国の夢」という思想がありました。これは、「旧約聖書」の「ダニエル書」に由来します。十八世紀あたりの知識人にとっては当たり前のことだったようですが、いわゆる「古代」のローマ帝国、東ローマ帝国、「中世」のフランク王国、神聖ローマ帝国の四つです。

つまり、それまでの帝国というものは、「古代」の地中海世界に生まれ、「中世」のヨーロッパで花開いた。これが「近代」になってアメリカに移転したという新しい図式がこの帝国主義論の原型です。こういう思想が、アメリカには、かなり前からいろいろな形で出ていたと聞いています。

また、次の「四つの帝国」という説もあります。最初の帝国はバビロニア、二番目がペルシャ、三番目が古代ギリシャ、四番目がローマです。五番目がなくて、永遠の神の国である神聖ローマ帝国をそこにあてはめていたのですが、いつのまにか神聖ローマ帝国は消滅して、その位置にアメリカが座った。アメリカは、「腐敗しているヨーロッパ」にとって代わり、跡を継《つ》いで、「真に神聖な国家」として世界に君臨するということでもある。

そして、こういうものの見方を推進したのが、アイルランドの哲学者、ジョージ・バークレーです。カリフォルニア大学バークレー校というのがありますが、この校舎のあるバークレーという町は、その名を冠しています。

バークレーは、マニフェスト・デスティニー、つまり「明白なる運命」の象徴です。大西洋岸から西へ西へと進んでいって、太平洋に出たところにある地です。

こういう絵を見た人がいるでしょう。女神がすばらしい衣装をまとって空中を飛んでいます。一方の手に本を持ち、もう一方の手に電線を握って、西へ西へと飛んでいく。下のほうには先住民を蹴散《けち》らす幌《ほろ》馬車があって、鉄道が走っている。一八七二年に描かれた絵です。

ジョン・ガストが1872年に描いた「アメリカン・プログレス」(アメリカの発展)。
アメリカの文明の力が大陸の西部を征服していく過程こそが「発展」である

「アメリカ文明」が西進するさまを描いたものですが、これこそアメリカの使命である、「明白なる使命」を絵画化したものです。

その絵が象徴しているように、昔つくられた帝国が東から西へ移動する。バビロニアから始まって、ローマに来て、神聖ローマ帝国になって、ついには空を飛んで大陸へ渡って、その大陸をどんどん西へ進んでいく。

そういう帝国意識みたいなものに支えられながら、アメリカという「文明」を自己実現するためには、武力をともなってもよい。暴力も許される。それが「明白なる運命」であると。これがずっと伝説のようにいわれて、十八世紀くらいまでのアメリカでは、当たり前の思想だった。

アメリカのさまよえる魂

中西　いまから二十年くらい前、私はたまたま二度目のアメリカ留学を終えたあと、アメリカ外交の精神とは何かとずっと考えてきて、二〇〇五年に先ほどの『アメリカ外交の魂』という本（その後、『アメリカ外交の魂――帝国の理念と本能』文春学藝ライブラリー、二〇一四年、として改版）を書いたんです。

そこで何がアメリカ外交を動かす原動力になっているのだろうとずっと考えていくと、とくにヨーロッパのイギリスやドイツの例に倣《なら》って、政治文化や、さらに近代的な精神性がどこかにあるかと思って考えていくと、アメリカの場合、ストレートにキリスト教の問題、宗教論にゆくしかない。つまり、人間がより衝動的になる魂の問題が、裸のまま直接、外交や政治に影響を及ぼす。アメリカはたいへん危うい国だとわかりました。

国家としてのアメリカの存在は、他の近代国家とはまったく違っていて、アメリカとは端的に言えば「カルトの帝国」だというのが、その本を書いたときの結論です。

ヨーロッパで禁じられたカルト思想が大西洋を渡っていって、新大陸の誰もいないところにオウムのサティアンみたいなものをつくってね。いまでも東部の田舎にゆけば、アーミッシュというカルト的な集団がいますが、極端な戒律を守って外部と接触せず、独善で自分たちだけが救われると信じている。古いヨーロッパは、ちょうど昔から人がいっぱい住んでいる東京の街みたいなもので、そこから彼らの「富士の裾野」へと海を渡って移民していった。つまり新しい土地へ行けば、魂が清められて、真人間に生まれ変わることができる。「リボーン――生まれ変わる」という言葉が、アメリカの魂を語るときのキーワードです。

それが十八世紀の初めくらいまで、つまり「ピルグリム・ファーザーズ」として一六二〇年以来、多くのピューリタンたちが新大陸のプリマスやマサチューセッツ湾に上陸してから百五十年くらいのあいだ、アメリカのキリスト教は、今日のイスラムのワッハーブ派などの原理主義と比べても、カルト性が強かったように思います。その頃にできたハーバード大学やイェール大学、こういう大学は、ほとんど「狂信者」がつくった大学といっていい。

典型的には、一七三〇年代から繰りかえされた「大覚醒運動――グレート・アウェイクニングス」があります。第一次、第二次と何回も時期をおいて、集団ヒステリーのような様相すら呈して「目覚める運動」「生まれ変わる運動」が起こります。町から町へ、みんな仕事も捨てて、説教師に従って、何千人という人が、あたかもハーメルンの笛吹き男の話のように行進をします。「神の裁きがいまこそ下る、人々よ、いまこそ悔い改めよ」と言いながら、町々で辻説法をして、大衆を扇動して、また次の町へ行く。

西尾　伝統的なキリスト教とは明らかに違うな。

中西　カルトというか、少なくとも日本でいう新興宗教です。そうした新興宗教がつくった国がアメリカで、その新興宗教を広めることを名目に国民の支持を得て、外交をやっているのだと。それが私のアメリカ外交研究のひとつの結論でした。

たしかに二十世紀になって、セオドア・ルーズベルト以後は、一時、世俗的な帝国主義になりますが、こちらのほうが普通の国の外交だった。十九世紀末になって、やっとマインドコントロールがとれて、普通の言語で話す、普通の帝国になった。しかし、しばらくするとまた、ウッドロー・ウィルソンのような「半宗教的」な色彩を帯びたカルト的帝国主義がすぐによみがえる。そして、フランクリン・ルーズベルトやケネディ、カーター、レーガン、オバマなど、みんなカルト的使命感の外交をやってしまう。

結局、アメリカという国をひとことで言えば、どこまで行っても普通の国家ではなく、永続革命をやろうとする運動体と見るべきです。

トランプが当選承認演説で言ったでしょ。

「われわれの選挙運動は、キャンペーンではなくムーブメントだった」

「ムーブメント——運動」だったと。つまり、政権発足後もずっと運動を続けていくと、トランプはそう言っているのです。彼の政治を解くキーワードは、この「ムーブメント」です。

西尾　どんな思想があるんだろう。

中西　これも、やっぱり「トランプ教」という新興宗教です。

二十世紀から二十一世紀にかけて、ずっと大衆を搾取《さくしゅ》してきた古いアメリカ、ヒラリー・

クリントンに代表されるような既成のアメリカの政治と社会をつくり変えて、もう一回、生まれ変わって、「あの偉大なかつてのアメリカを取り戻そう」。それが、「メイク・アメリカ・グレート・アゲイン」[Make America Great Again] という訳のわからないスローガンで、むしろ、その内容はどうでもいいんでしょう。

人の流れをつくって、そこにみんなを引き寄せていって、人々を町から町へと次々とさまよい歩かせれば、それがアメリカ政治としてひとつの成功を生みだす。たぶん、これと決まった政策体系があるわけではない。

西尾　そうなのかな。トランプが時代に反発しているのはわかるんです。では、その根っこにある思想、というと変だけれども、彼の反発心の根っこ深くにあるものは、何なのか。

中西　いわゆる「ポリティカル・コレクトネス」的な、近年の偽善的なリベラリズムに彼は反発しているのだ、という人がいますが、私の見るところ、それもたぶんトランプ一流の偽装なのではないですか。むしろ、アメリカで何百年と、つまりアメリカ史に脈々と引き継がれてきた、宗教ポピュリズムの世俗版のような大衆運動を起こすこと、それ自体が自己目的ではないか。それから、トランプ個人の権力欲、それ以上のものは何もない。

元来、ピルグリム・ファーザーズつまり巡礼者たちがつくった国だから、アメリカ政治は、人々をあてのない行動に駆りたてることだけがアメリカの自己目的なのです。

その時代に応じて、十九世紀までなら、キリスト教のカルト的な信仰で、人々を非日常の世界に引きだし、怒りと興奮を煽《あお》るわけです。

そういう意味で、アメリカ文明の本質は「反秩序」です。アメリカに、秩序や安定をめざした健全な保守主義が育たないのはそういうことです。つまり、いかなる秩序であっても、秩序それ自体を敵視するのが「アメリカ教」、新興宗教としてのアメリカ・イデオロギー、アメリカニズムというものの本質だろうと思います。非日常への衝動の政治化です。そこでは、「日常に埋没していると腐敗してしまう」というアメリカ的な意識がもとになっている。

イギリス人がよく言うたとえですが、「われわれは、たまたま同じ言葉を話すまったく違った民族同士だ」と。米英関係のことをそう言います。

たとえば「転がる石に苔《こけ》は生えない」［Rolling stones never have moth.］という、ことわざがありますが、この意味も米英では正反対。苔は一カ所に長いあいだ留《とど》まると自《おの》ずから生えてくるものですが、イギリス人にとって、そうして育った苔は趣《おもむ》きがあって非常に美しい。むしろ苔をいいものとして評価します。イングリッシュ・ガーデンの趣味です。つまり人間とは、ひとつのことやひとつの場所に落ちつくことで人間性も向上して、人間として成長する、あるいは、秩序が安定していることで社会的にも深みが出てくるという意味です。

西尾　われわれの解釈と同じじゃないですか。

中西　そう、日本人と同じです。それが普通の人間なのですから。ところがアメリカ人にとって、苔は悪いものです。じめじめして嫌なもので、苔がなくて「つるつるの石」のほうがいい。彼らは同じことわざをイギリス人とは正反対に、「しょっちゅう動き回っていないと、じめじめした嫌な苔が生えてしまう。人間も同じで、一カ所に落ちついてしまうとすぐ古臭くなって生命力をなくしてしまう」と解釈します。

西尾　イギリス人とアメリカ人の違いですね。

中西　その違いを説明するときに、イギリス人もそうですし、とくにヨーロッパの大陸側の人もよく持ちだすたとえです。「アメリカ人はこんなにおかしいんだ」と言うために。フランス人やドイツ人は、もっとダイレクトな表現で、「アメリカ人は、どこかひどい神経症になっていて、絶えず動き回っていないと気が済まない。落ちつきのない子供のようなもの。こんな連中とまじめに付きあったら、われわれはまともな人間性をなくしてしまう」と。

西尾　それは多分にヨーロッパ人の偏見で、私にしてみれば、ヨーロッパもアメリカも根がひとつに思えるから、あえて異を唱えたくなります。ヨーロッパの人々は、とかくアメリカを批評し、軽視したがりますが、この場合もどうでしょう。

中西　私は、ヨーロッパ的なものとアメリカ的なものは、根っこから違うように思います。むしろアジア人のほうが、アメリカ的なものとの共通部分があるようにさえ思う。

いずれにせよ、私がいま申しあげているのは、アメリカ人の価値観の中にある行動性の強さ、行動することそれ自体がその内実や目的よりも重要だと見なす考え方が、他の大陸の住人にはないような、あまりにも特殊なアメリカ的性向だということです。「アメリカ的精神」の際立った特性というか、「根無し草」になることをむしろ望む。宗教的にいえば、「永遠のさまよえる魂にこそ救いがある」と信じているように見える。

宗教的終末観――破滅へ向かっていく

西尾　アメリカ人の宗教心は、非常に根強いです。おそらく世界を見ても、宗教が政治を動かし、宗教が生活の中に強く根づいている点では、イスラム教徒と変わらないくらいです。アメリカ人は、宗教に動かされ、時には惑《まど》わされている。
日本人がいちばん宗教と無関係な民族ですね。けっして宗教心がないというのではないけど、宗教を進むべき方向の判断材料にしたりしない。宗教によって自分の国の政治を動かしたりしない国です。だから、世界が宗教で動かされているのを見ると、不思議でしょうがない。それだけに、アメリカが「特殊な宗教国家」だということが日本人にはなかなか理解されない。

中西　そうですね。この国で「アメリカの特殊性」を論じるのは、一種のタブーです。日本ではアメリカはつねに普遍でなければならないからでしょう。この点で、日本人はアメリカ人の唯我独尊《ゆいがどくそん》的な信念を共有さえしているといえるでしょう。

西尾　すると、アメリカがイスラエルにこだわるのもそこですか。自分たちは「神の国」なんだと。「最後の審判の日」に至るまで、最後の帝国として生きつづける。アメリカだけが「最後の審判の日」まで偉大な帝国でありつづけるのだと。いまトランプが叫んでいるのもそれに似ていて、中西先生がおっしゃるように、ムーブメントというのはよくわかる。これには最終目的がないんですね。

中西　そうです、そのとおり。

西尾　最終目的があるとすれば、それこそ破滅以外に考えられない。宗教的な終末観です。破局が来ると、あの国は強くなるんですね。

中西　そうですね。いわば「イカロスの翼」です。太陽に向かって飛んでいる、あの生き方だと、上へ上へと飛んでゆくと、そのうち必ず羽根が溶けてなくなり、墜落する。しかしまた、同じことを繰りかえす。だけど、それがアメリカなんでしょうね。

西尾　だから戦争をしたがる。

中西　そのたびに挫折しても、またすぐやろうとする。

西尾　そうやって絶え間なく戦争をする。今度も危ないね。

中西　しかし、そこにこそアメリカという国の本質や生命力の根源がある。私は、トランプ政権は戦争をする政権だと思います。ただ、米中でやるんだったら、できるだけ日本を巻きこまない形で、日本から離れたところでやってもらいたいですがね。

三章　反日と戦争

日本が背負わされた十字架

柏原　ここからは、第一次世界大戦と、その後の第二次世界大戦に至るまでの戦間期、主に日本にとって何が起こったかについて議論していただきたいと思います。

ヨーロッパの状況から見ますと、たとえばフランスの詩人で知識人であったポール・ヴァレリーは、「精神の危機」という論文の中で次のように述べています。

「われわれの文明なるものは、いまやすべて滅びる運命にあることを知っている。一個の文明は一個の生と変わらぬもろさを持っていることをわれわれは感じる。キーツやボードレールの作品が、やがてメナンドロスの作品と同じ運命をたどるようになる状況を想定することは、もはやそれほど困難なことではない。それは新聞を読めばわかる」

ここに見られるのは、ついに「西洋文明」が瓦解《がかい》したという悲痛な叫びであり、慟哭《どうこく》でした。自己が依拠《いきょ》してきた「文明」が灰燼《かいじん》に帰したのです。

西尾　第一次世界大戦後ですね。

柏原　そうです。第一次世界大戦後の歴史は、この絶望から始まっていたといえるでしょう。ひるがえって日本を見れば、この時期、つまり戦間期の日本の歴史の流れは不可解な事件や出来事が多すぎるように思うのです。

西尾　たしかに戦間期の日本は、何か説明のできないような「だまし」というか、「たぶらかし」にあって、さらに運の悪いことに、それをいまに至るまで、ずっと引きずっているのではないかという思いがしています。あのころから日本は、何かしら目に見えない拘束を受けてしまっているのではないか。アメリカの当時の政策がおおいに関係があると思いますが、戦間期に巧妙な「しかけ」をされてしまった。

中西　戦間期の日本は、大正デモクラシーとか、国際連盟とか、明治の文明開化とは異なる特殊なアメリカニズムに突然、脳みそを合わせざるをえなくなったから、以後、いまに至るも自己意識の呪縛におちいっているように思います。

西尾　だから、現在の日本と中国の問題も、いまだその流れの中にあるかもしれない。たとえば、尖閣《せんかく》諸島の問題について、世界、とくにヨーロッパは、「日本が正しくて中国がむちゃくちゃなことを言っている」と、理性ではなんとなく理解はしているけれども、ひとこと日本に対して付け加えたいわけなんです。

「それはそうだけれども、あの戦争は正しかったなどということは、言ってはいけませんよ。中国が言っていることにも一理あるのだから」

そういうわけで、同時に三カ所で領土紛争をかかえているのは、日本が何か悪いことをしているからではないかと思いこんでいるようなんです。最近は、「日本が悪いことをしていないはずはない」という前提で、慰安婦問題であれ、何であれ、中国や韓国の意向に沿うような行動をしたがる。

これは、日本だけが背負っている奇妙な十字架ですが、振りはらうことも難しい。「日本は悪い」の前提になっているものが、怪しげな雲に包まれていて、われわれにはよく理解できないからです。それで、この十字架がいつ生まれたかというと、戦間期だったんじゃないかと思えてならないのです。

国際貢献も、国力の投射と見なされる

中西　まったく同じような問題意識というか、あの時代の歴史に対する感じ方は、私もずっと抱えてきました。これは何だろう、歴史をやっている人間から見ると、あの時代の日本

は、すべてが外発的要因によって、突然、振り回されていったとしか思えない。まず、第一次世界大戦の期間を通じて、日本の国力は、われわれがいまだに理解していないけれども、危ういほどに膨張しています。

西尾　具体的には、いつごろですか。

中西　ちょうど大戦中ですから、一九一四年から一九年までの五年間です。このたった五年のあいだに、日本は、日露戦争の勝利とか、戦後の高度成長とか、そんなものとは比べものにならないほどの大国になりました。

西尾　経済的にもですか。

中西　経済的にもですが、地政学的、軍事的、政治的にも、それまでとは隔絶《かくぜつ》した圧倒的な大国になったんです。それに対して欧米の大国が感じた脅威は、ものすごいものがあった。

西尾　ところが、彼らから脅威のまなざしを向けられているということに、日本人は気がつかなかった……。

中西　まったく気がつかなかった。このことは、いまだに気がつかないでいるわけですが、第一次世界大戦中の日本の膨張が、彼らの危機感をどれほど深刻に刺激したか。歴史をやる人間としては、その根源を必ず解明しなければいけない。

西尾　だから満洲なんだよね。たいしたことやっていないのに、欧米は、があがあ言ってきたんだ。

中西　そうなんです。まず、満洲や中国大陸で日本を包囲し、暴発させる。これがひとつ、昭和史の大きな与件がこの大正期にできてゆく。それから日本は、ドイツの南洋群島を全部押さえて、太平洋を支配する国になった。地中海にまで艦隊を出して、インド洋を往復するオーストラリア陸軍の兵士をヨーロッパに運ぶ。

西尾　これは日本が守ってあげたんですよ。

中西　守ったと思っているんです、そこなんですよ。

いまだに日本人は、そこがわかっていない。ＰＫＯ（国連平和維持活動）の問題でもそうですが、ここでぜひ申しあげたいのは、たとえば「国際貢献」という日本語がいつからはやったのか。この言葉に見られる歪んだ世界観が、昭和初年、そして冷戦後の日本をどれほど誤らせたか。湾岸戦争（一九九一）という戦争が、日本にとってどれほど悪魔の呪縛となっているか。あの呪縛から離れないかぎり、とても憲法改正などできないというのが私の持論です。

いずれにしても国際社会、あるいは欧米人の目から見て、一国の軍事や軍隊が移動することは、仮にそれがいわゆる「国際貢献」ではあっても、間違いなく国力を投射し、膨張させているのです。

西尾　いまの中国がするようにね。

中西　極端に言えば、「PKOを出す」ということは、その国を攻めとって領土を占領しているのと同じことです。中国軍は、まさにいま、アフリカの角のジブチなどでそれを実践しています。だから、日本政府が「南スーダンに自衛隊を出して、道路をつくって、こんな貢献しています」と言うと、欧米人はどう見るか。「いまやアフリカまで日本軍が占領しようとしている」と。「きっと日本はアフリカに資源を取りにきたんだ。一歩先に来た中国にスーダンの利権を奪われないように、あわてて飛んできているんだ」と。

第一次世界大戦で「インド洋から地中海までを、俺の勢力圏にするんだ。だからここで〝国際貢献〟というゲームを演技しているんだ」――どこの国も日本の意図をそう読んだから、パリ講和会議（一九一九）やワシントン会議（一九二一）で徹底的に日本を押さえこんだのです。「国際貢献」、これが、日本人とあの戦争を考えるときのキーワードです。

太平洋に伸びるアメリカの影

西尾　アンザックを守ったのも、そう見られていたのですか。アンザックというのは、オーストラリアとニュージーランドの総合軍ですが、それを第一次世界大戦のときに地中海まで護衛したのは日本海軍です。あれはまったく善意のものでした。

中西　国際政治で「善意」ほど、恐いものはない。ともかくあれも、われわれは善意の話で美談にしたがるけど、彼らが見ると、表面的な善意の評価とはまったく別に、当然ながら拡大する日本のパワーと意図への猜疑心《さいぎしん》を彼らはたくましくしていたわけです。これは実直すぎる日本人の恐るべき欠点というか悪いところで、もし立場が逆で外国が同じことをやったら、きっと日本人だってそう単純に見ないと思います。

西尾　オーストラリアは、あれだけ日本に助けてもらっておきながら、戦後の講和会議でめちゃくちゃなことを言いだすんです。

中西　戦間期の世界で、いちばんの反日国はオーストラリアだったのです。

西尾　そうなんですよ。赤道の少し北に、ヤップ島というところがあります。赤道の南はオーストラリア、「日本軍は絶対に赤道より南下はしないから心配するな」と、イギリス本国が打電しているにもかかわらず、疑心暗鬼《ぎしんあんき》にとらわれたオーストラリアがなんだかんだと言ってくる。

通信上の重要な基地、ヤップ島を日本が押さえたら、気でも触れたかのようにオーストラリアが北上して、例のサイパンやテニヤン、マリアナ群島に行こうとするのです。だけどイギリス本国が、やっちゃいかんと。「戦争の期間中はこちらから日本軍に守っていてくれと頼んでいるのだから、出てきてはだめだ」と制されて、オーストラリアはしぶしぶやめた。

ところが、戦争が終わったとたん、「日本軍がそのまま居座《いすわ》るのは許さない」とばかりに、講和条約の条件を倒すんです。アメリカと手を組んでね。

中西　このことがあったので、以後オーストラリア人の意識の上では、本国イギリスよりも反日に徹するアメリカこそ、自分たちの守護者と見なすようになりました。そして以後、米豪は一緒になって、太平洋で対日包囲網をつくっていきます。たとえば、日本の委任統治下に入ったとたんに、ヤップ島にも、サイパンにも、莫大《ばくだい》な数のスパイを送りこんできます。最初から日本の統治は完全に敵視されていた。

だからなぜ、この時期に日本は、欧米、とりわけアメリカに対して、あんなに無防備になり、とくに日本のインテリが以前よりもいっそうアメリカに友好感情を持つようになったのか、まったく疑問ですね。パリ講和会議からワシントン会議にかけては原敬《はらたかし》内閣の時代ですから、日本のエリートがある程度、親米に傾くのは、やむをえなかったのかもしれませんが。

実は原敬という人に、ひとつの問題があった。それは、あとで触れることにしますが、とにかくこの時代、文化や生活様式でのアメリカニズムに日本がとらわれていく。「いまの日本こそがおかしいんだ、アメリカが文句を言ってくるのも一理あるぞ、国内のこういう改革をしなければだめだ」ということで、大正デモクラシーというか、大戦後のリベラルなアメリカニズム的なるものに、とりわけエリートや知識人が影響されていく。これが、以後つねに日本がアメリカの外圧にやられるパターンになってゆく。ちなみに大学の数を一挙に増やし、「大学改革」を推進するのも、原敬内閣です。

原は、すでに第一次世界大戦前から、今後の世界では、「アメリカこそが重要であって、イギリスなどは古い帝国主義の覇権国だから、イギリスが何を言っても相手にするな」とばかりに、日英同盟軽視に傾く。それゆえ、大戦後、原内閣当時の日本も、「アメリカとさえ仲良くすれば、他はどうでもよい」と、まったくいまの日米同盟基軸論みたいなスタンスになって、ワシントン会議などでたいへん大きな譲歩をしてしまう。

西尾　アメリカを文明の鑑《かがみ》とする、新島襄《にいじまじょう》以来の見方ですね。

中西　私は、原のこうした親米論の背景には、「金融」というファクターがあったと思います。原敬という人は不思議な人です。なぜかよくわかりませんが、第一次世界大戦前の明治四十年代にアメリカ旅行をします。帰ってきて突然、「これからの時代はイギリスではない。アメリカだ」と言いだす。第一次世界大戦前ですよ。

西尾　アメリカだと言いだすのは、『武士道』を書いた新渡戸稲造《にとべいなぞう》も関係していますね。新渡戸と原敬は関係が深い。

中西　そうです。彼らの周囲には、ある種の国際的な人的ネットワークというものがありました。二人とも、そういう人脈に深くつながっていたからでしょうか。

先住民は虐殺するが、捕鯨には反対する二つの国

西尾　オーストラリアは、そのころから急速にイギリスのもとを離れ、アメリカに接近します。彼ら自身の意志として。

中西　そのとおりです。

西尾　というのは、両国はよく似ているんです、オーストラリアという国とアメリカという国が。どちらも、広がる原野を開拓して、羊毛をつくって、そこの先住民を虐殺して、混血地帯になった。歴史も、生活のスタイルも、風土的にも似ている。

中西　たしかに。オーストラリアは、アボリジニという先住民を絶滅寸前まで追いつめる。これは、アメリカ先住民、いわゆる〝インディアン〟への対し方と同じですよ。

西尾　しかも、日本の知らないうちに、米豪軍事同盟みたいなものができてきた。アメリカからシンガポールに行くためには、それまではフィリピンのマニラを通ってグアムを抜け、シンガポールへ行っていた。それがニュージーランドのオークランドと……。

中西　そして、オーストラリアのシドニー、メルボルン、インド洋や中東へ向けてダーウィンやパースをアメリカは視野に入れてきますね。

西尾　オーストラリア経由のもうひとつの航路をつくるんです、ということは、アメリカは早い時期に、日米戦争が始まると考え、太平洋の真ん中を通る道は使えなくなると予想していたんじゃないか。第一次世界大戦が終わってすぐの段階で。そうやって米豪が腹を合わせはじめるのですが、これがＡＢＣＤ包囲網の始まりですよ。

中西　先ほど、戦間期に欧米との関係で日本は何か呪いのようなものをかけられたとおっしゃいましたが、そのひとつが、アメリカとオーストラリアに共通してあった、ものすごく強い人種意識と、日本のパワーへのパラノイア的な恐怖心が合流したことだった。

有色人種でこれほど興隆した世界のパワーは、もちろん日本しかなかった。それなのに、大きく国力を膨張した日本に対して表面的友好をうたう外国があるとすれば、必ず腹の底で抱く強い「対日猜疑心」というものに、われわれは極端に無感覚なんです。日本はいまも、昔も、同じ罠《わな》にかかりやすい。昭和末期のバブル期もそうだった。まったく無防備だったので、すっかり国をつぶされました。

やっぱり、人種差別というものの恐ろしさを日本人はもう少し知るべきです。今回の選挙時のトランプ現象を見て、アメリカという国がよくわかったのは、人種は徹底的に投票行動に関わっていますね。

西尾　関わりましたね。

中西　トランプに投票した八五パーセントは白人でしょ。一方、黒人の八〇パーセントくらいは、ヒラリーに投票しています。

西尾　トランプを支持する人たちが、「今回が男性の白人大統領が新たに生まれる最後のチャンスだ」と言っていましたね。これは、あながちレトリックではない。

中西　その可能性はありますね。

西尾　もう、その後は、白人の人口とマイノリティの人口が逆転するから。そのうち、中国系の大統領が出てくるのではないかとまで。

中西　いずれにしても、アメリカのあの強烈な人種主義の根深さは、正面から「白豪主義」をかかげていた当時のオーストラリアと響きあうんです。あの時代、イギリスのエリートの目から見ても、オーストラリアは異常な人種主義ですから。バルフォアとか、チャーチルとか、イギリスのエスタブリッシュメントの政治家が嘆いているほどです。彼ら自身はものすごい階級的エリート主義なので、人種は超越しているから、そう感じられたわけです。

西尾　捕鯨にうるさいのも、アメリカとオーストラリアだ。

中西　これは偶然ではないでしょう。「捕鯨反対」といっても、その反対のしかたが尋常じゃないですからね。対話ではなく、もっぱら暴力や威嚇《いかく》でやる。

西尾　捕鯨問題は、人種問題と深く関係していると思います。生物に序列をつくるという考え方。ヒトとそれ以外の生物で分けるのならわかりますが、それ以外の生物の中でも厳密な優劣を決めていく。

中西　クジラとイルカが最上で、次がシャチとか。他方、牛や豚はいくら殺しても、なんとも感じない。

西尾　そして同じ人間であっても、ひと昔前まで先住民の「土人」はいくら殺してもかまわないというのが、アメリカとオーストラリアの白人たちの考え方でした。ヒト以外の生物に等級をつけるという感覚は、ヒトにも等級をつけるという感覚と結局、同じなんです。この感覚だけは、われわれにはとても理解できない。

柏原　さすがに、その異常な感覚についていけない白人も出てきたんでしょう。

西尾　それが、「ホワイト・ギルト」。しかし、白人たちは罪の意識を持たされたことで、それに対する強い反発も起こりうる。

中西　いずれにしても、戦間期の日本に対して向けられた、あれほどひどいオーストラリアの憎しみの目は、イギリス人の良識から考えても想像を絶していたんです。

西尾　日露戦争に勝利した日本を、アメリカが警戒します。両国の講和条約を自国のポーツマスで結ばせ、日本を牽制《けんせい》します。

同じようなことが、その十年前にオーストラリアと日本のあいだで起きています。どういうことかというと、日清戦争が終わったら、オーストラリアは、いきなり日本人移民の禁止に踏みきっているんです。日本の労働者を入れないと言いだします。アメリカが日本に対して見せたのと似たようなことを、オーストラリアが先にしているのです。

日米対立の原点――ハワイをめぐる関係

中西　オーストラリアが先にやって、それがまたアメリカに反響します。「日清戦争で勝った日本の頭を抑えるために、フィリピンを取らなければいけない。フィリピンをスペインから奪うには、キューバで戦争をしかけよう」というの米西戦争を始めたのが、セオドア・ルーズベルトたちです。

西尾 仰《おお》せのとおりです。アメリカの議会の中に、「フィリピンを取るのはやめろ」という声があった。領土拡大に消極的な勢力がまだアメリカ国内にたくさんいましたから、その抑制意見に対して、「フィリピンより西に強大な敵がいるんだよ。何としてでもフィリピンを押さえなければならない」と説得する。敵とは、日清戦争に勝って、すでに台湾を押さえていた日本です。それで、日米対立関係が生まれます。ここから日米戦争が始まったといっても過言ではない。

中西 ハワイは、まさに日米角逐《かくちく》のいちばんの焦点でした。東郷平八郎《とうごうへいはちろう》が軍艦「浪速《なにわ》」に乗ってハワイへ行ったのは、最近の日本でいまや有名な話になりました。独立国のハワイ王国を乗っ取ろうとするアメリカから来た白人たちがクーデターを起こし、日系移民が迫害されようとしていた。東郷はそれを保護しにいくわけです。一八九三年ですから、日清戦争のちょうど前の年です。ホノルル港に停泊してハワイ王国を威嚇していた米艦「ボストン」を「浪速」の大砲で牽制するという有名なシーンだけれども、あの東郷ミッション、東郷艦隊の活動を、戦後の日本の歴史家でも知らない人がいます。

戦後の日本では、アメリカが原因で生じた日米対立の歴史は、史料も含めて、扱ってはならないタブーとされてきたから。

西尾　だめだよね。実際にアメリカに統合されるのは一八九八年でしょ。外務大臣だった大隈重信がアメリカに抵抗し、日本がハワイの実権を守ろうとしたんだけど、失敗します。そのときのアメリカは、すぐにやらないで、じっと見ていた。もういいと思ったから、フィリピンといっしょにやってしまう。

中西　一八九八年にやってしまいます。

西尾先生が「GHQ焚書」の中でいろいろ紹介しておられる本を、私もずいぶん昔に読みましたよ。ケンブリッジに留学しているときに向こうの図書館にたくさんありましたから。しかも、きちんと系統的に並べられていました。おそらく占領中に、日本の出版社や図書館から奪っていったものでしょうけど、なぜこんな本が、ケンブリッジ大学の日本コーナーの片隅にあるのだろうと、当時はわかりませんでした。

西尾　何十冊くらいあった?

中西　そんなものではありません。いくつもの本棚に、ずらっとありました。長い一列近くありましたね。三百、四百くらい、もっとあったかもしれません。もちろん『宮本武蔵《みやもとむさし》伝』とか、そういうものもありました。余談ですが私は、そこで日本の古典をはじめて手にとって読むようになった。『太平記《たいへいき》』とか、『神皇正統記《じんのうしょうとうき》』とかも、このとき通しで読みました。
その中の一冊に、東郷平八郎が軍艦「浪速」でハワイに行ったとき、アメリカ人がハワイで傍若無人《ぼうじやくぶじん》にふるまっているのに、当時の日本政府は強い関心を向けていた。
そしてハワイ王国が、われわれに助けを求めてきた。その前のたしか一八八一年に、ハワイ国王が来日して、「日本の皇室とハワイの王室を縁談を通じてひとつにしてくれ」と、明治天皇に嘆願したという話もはじめて知りました。
しかし、明治天皇はアメリカとの対立を避けて、あえてその行動には出られなかった。これは有名な話で、戦前の日本の本には、みな書いてあります。

西尾　東伏見宮依仁親王《ひがしふしみのみやよりひとしんのう》でしたか、カラカウア朝の王女との縁談もあったけど、明治天皇がお断りになる。

中西　それは領有問題に絡《から》んでいたんですね。領有というか併合というか、保護国化というのか、明治十年代からの日米角逐のすごさを示すエピソードです。

西尾　日本のほうがハワイには先に目をつけていて、根拠もあったけれども、アメリカにやられてしまう。

中西　ハワイの王族は、むしろ日本のほうに親しみを持っていたのに。やはり有色人種同士で、神道とか、自然崇拝とか、宗教的に日本に近いものを感じていたようですね。

西尾　そうです。ハワイは多神教です。四つくらいの神様がいて、収穫の神、戦いの神、嵐の神、そして世界の中心の創造神とか、そういうふうになっている。もちろんキリスト教ではないです。

中西　一八一〇年にハワイを統一したカメハメハ大王の戦跡地は、マウイ島にもあるし、オアフ島でさえいっぱいあります。そういうところをずっと訪ねていくと、ものすごく大きな合戦の絵が描いてあって、アメリカの白人に見せつけようとする「ハワイ・ナショナリズム」はいまでもありますね。

西尾　それはあるでしょう。もう無力でしょうが。

中西　私の友人にハワイに長く住んでいる人がいます。ネイティブ・ハワイアン、ハワイ先住民の子孫たちとお酒を飲んで、その日本の商社マンが、「あなたたちはアメリカの白人にいいようにされ侵略され占領されて、いまは五十州のひとつだとおだてられているけれども、完全に支配されているじゃないか。あのマンションも、あのホテルも、みんなカリフォルニアの資本だろ。こんなことで悔しくないのか。立ちあがってハワイ独立を叫んだ君のおじいさんのあの運動の火が、なぜいま絶えているんだ」とハワイで独立運動を煽るらしい。

そうすると彼らは涙滂沱《ぼうだ》で、「本当に悔しい思いをしている。白人に対する恨みは五代たっても忘れない」と言うんです。だからでしょうか、ハワイのネイティブと日系人が心はいまもどこかでつながっていいます。もちろん白人がその上に君臨しているけど。

白人は「真珠湾」のことを言いますけどね。アメリカの西へ西へと広がっていこうとする国家的衝動の中で、白人の人種主義に結びついた反日感情は、戦間期の日本の運命を狂わせた元凶のひとつです。しかし大正以後、アメリカニズムというものを、本土の日本人があまりにも安易に受け入れてしまった。エリートだけでなく、大衆レベルでも。東京六大学野球とか、ああいうものでも、アメリカ文化が滔々《とうとう》と入ってくるのが大正年間です。

西尾　ベーブルースが来たのは何年？

中西　ベーブルースの来日は昭和九年（一九三四）ですね。あのときも、訪日した大リーグの選手の中にアメリカ政府の情報部はスパイをまぎれこませていて、東京の街路の写真をたくさん撮らせました。これが後の東京大空襲の作戦に使われたのは有名な話です。まさに「日米親善」野球に熱狂した多くの庶民が、十一年後に空襲の犠牲者になりました。

野球にかぎらず、原敬内閣期の大正八年以後、さらには一九二〇年代に入ると、社会風俗が一挙にアメリカナイズされ、急に日本人がどこか軽薄になっていきます。

西尾　それは大きな問題です。その前に、第一次世界大戦。

中西　この問題は、いまも続いているんです。日本人がアメリカ由来のものを、うっかり簡単に受け入れてはいけないものまで、日本の経済界と大衆が先に立って、あっという間に受け入れてしまうのです。先に経済界や大衆社会が受け入れてしまうので、政治家や知識人にすれば、文化的な対峙や外交をやるにしても、鉄砲の弾《たま》が後ろから飛んでくるようなものですから、アメリカとは国をあげて対峙できない構造がこれ以後、日本にはできてゆく。アメリカ文化に喜んで毒されていく日本の庶民の生き様は、戦後に始まったことではないのです。

西尾　すごいですよ、テレビの世界、とくに音楽とかね。

中西　時には、日本の堅実な国益とは相友する形になる。この二重構造を、しっかりと考えないと。

西尾　だけど美術や文学など他の世界では、われわれの目はあまりアメリカには向いていないですね。

中西　日本では外来文化も、ハイカルチャーは必ずといってよいほど、昔ならシナ、明治以後はヨーロッパです。それはいまもそうです。ところがローカルチャーというのか、大衆文化は違う。

柏原　サブカルチャーですね。

中西　しかし、平成の日本でも庶民は享楽的というか、衝動的にアメリカに飛びつくが、その後アメリカによって地方都市は、シャッター街にされてしまい、日本の庶民は結局、塗《と》炭《たん》の苦しみを味わうことになる。この日米関係の悲劇の構造は、今後も繰りかえすのか。

「日本の国際連盟脱退」を最大の愚策と決めつける戦後日本人

西尾　第一次世界大戦に関する話で、私が言いつづけなければいけないのは、国際連盟脱退の問題です。それはかなり大事な話で、これに続くのが満洲事変ですから。福井雄三《ふくいゆうぞう》さんが、『よみがえる松岡洋右《まつおかようすけ》』という本をお書きになりました。おもしろい本で、松岡洋右のものの見方の正しさを検証されています。

ところが、松岡洋右が国際連盟を脱退する件は、日本が孤立をまねく結果となった愚かな行動であったと決めつけ、当時の日本をいまの北朝鮮のように描きだすのが、戦後の歴史の通念になっています。

当時の国際社会の位置や役割の関係からこの一件を測ってみると、まるきり意味の違うものであるはずなんです。当時は独立国がまだ八十くらいしかなくて、そのうち国際連盟加盟国は四十と少しくらいでした。実際の国際連盟は、ヨーロッパの同好会、もしくは〝ヨーロッパクラブ〟みたいな性格のものであった。国際連盟を脱退したからといって、日本が世界から孤立するということはなく、むしろ日本に出て行かれてしまうと困ったのは、国際連盟のほうでした。

イギリスはそれをさせまいとしておきながら、何かといって日本をいじめるという構造で、必ず後ろにはアメリカが控えていた。つねにアメリカが影のごとく寄りそっていた。これも周知のことです。

中西　実は、日本が国際連盟を脱退したのと同じ戦間期の時代に、日本と同じように国際連盟を脱退した国は、加盟四十三カ国中、十五カ国もあるんです。残ったのは二十八しかない。この十五のうちのひとつが日本ですから、何も異常な行動ではない。

西尾　あのとき超大国はイギリスで、後ろにアメリカが控えていた。国際連盟が派遣したリットン調査団にも、加盟国でもないアメリカから団員がひとり入っている。お目付役で、英米はそういう勝手なことをやっていました。国際連盟じたいが、何か怪しげな組織のひとつでもあったわけで、イギリスが牛耳っている〝ヨーロッパ・クラブ〟を、全世界の代表連盟のように、世界平和の縮図のように考えるのは、いかにも日本の、とくに戦後日本の愚かなものの見方です。

中西　戦間期の世界秩序は、「パックス・アングロ＝アメリカーナ」ですから、この「米英覇権」に挑戦した国は、それだけで侵略国とされてしまった。この歴史観は、東京裁判が行なわれた戦後だけではなくて、二十一世紀の現代も尾を引いていて、平成の日本人も、従順に受け入れてしまっている。ここが安倍晋三《しんぞう》首相のような、日本の「戦後保守」の怪しげなところです。二〇一五年の「戦後七十年談話」、いわゆる「安倍談話」は、その何よりの証拠でしょう。

西尾　戦後の教科書にだまされているんです。

中西　昭和の日本が、「正義にもとづいていた国際秩序」に力で刃向《はむ》かって、「確立されていた平和」を一方的に踏みにじったというのが、「安倍談話」の核心部分ですが、これこそ日本国憲法前文の根本思想で、まさに「戦後レジーム」の核心です。「安倍談話」は、この戦後レジームを最終的に「確立」してしまったわけです。

西尾　当時の国際状況の遠近法をわきまえるために説明を加えると、国際連盟の内部において、中華民国の蔣介石《しょうかいせき》政権の地位と日本の地位では、天と地の違いがありました。日本は圧倒的に強い立場で、言うまでもなく常任理事国だった。一方の蔣介石は連盟の会費を支払わないような不良メンバーです。日本は当時からそんなことは一切しない。いろいろな国際連盟の催《もよお》しもの、事業に対して全面的に協力する国であったことは、いまの日本を見れば想像がつくでしょう。

おとなしいし、紳士的だし、あこぎなことは言わないし、言われたとおり分担金も払う。

それなのに、なぜ寄ってたかって日本いじめをしたのか。それが最大の問題です。謎めいている背景の暗闇《くらやみ》です。

つまり、国際連盟の優等生であったにもかかわらず、ひとたび満洲事変が起こると、前もって決められたシナリオに従うかのごとく、国際連盟は相次いで強権発動を繰りかえしている。終始一貫《しゅうしいっかん》「反日行動」をとる。そして、シナの肩を持ちつづけます。

シナが国際連盟にとって大事なメンバーであるからという理由によるものでは、もとよりない。そのことは明らかで、むしろ連盟から日本を失うことこそ、連盟の世界性を失うことでした。本来、国際連盟にとっては日本のほうがよほど大事です。当たり前のことです。そんな下手なことをやったら、かえって大動乱の引き金を引いてしまうことになります。

しかし不思議なことに、徹底的にシナを応援して日本に反発する理由は、国際連盟の表面だけを見ただけではわからないのですよ。

中西　そのとおりです。

西尾　一九二二年のワシントン会議で九カ国条約というものがありました。これは、欧米七カ国と日本、中華民国が結んだもので、日本と中華民国の膨張を抑えるための役目を持っていた。

しかし、この条約に最初に違反したのはイギリスです。一九二七年の漢口《かんこう》イギリス租界《そかい》占領事件で、彼らは一万三千もの大兵を送りこんだ。日本に共同出兵を求めてきたけれども、日本は九カ国条約を遵守《じゅんしゅ》して同調しなかったのです。満洲事変が始まったころには、いろいろな建前は全部効力を失っていたと言ってもいい。

中西　九カ国条約を律儀に守りつづけた幣原外交が、対米（英）追随の愚行を延々と積み重ねていったことが、日本を満洲事変に追いこんだ最大の要因です。

西尾　毒ガスがどうのこうのというけれども、毒ガスと細菌兵器の禁止に各国が賛成したのが一九二五年で、これに反対したのがイギリスとアメリカです。しかもイギリスは、インドで、フランスはモロッコで毒ガスを使っている。

第二次世界大戦後、こういう事実をしっかり書く歴史、文字にする歴史が一切なくなってしまったのです。なんでも日本が悪いことをやったようなことを書く。日本の歴史家がそう書く。本当にどうしようもない。

一方的に押しつけられた満洲《まんしゅう》帝国否定論

西尾　一九三一年九月に満洲事変が始まって、日本は三三年三月に国際連盟を脱退する。

その間、十七カ月もあって、すでに満洲帝国は存在しているのです。
満洲帝国を独立国として認める国がたくさんあるのに、一部の国の主張によって、これを白紙に戻せとなる。むしろ、満洲の地にシナの主権を認めよと。バカげた要求であって、日本としてはとうてい認められなかったのです。第一次世界大戦後、チェコ、ルーマニア、ハンガリーという多くの小さな国の独立を国際連盟は協力して認めてきたわけです。「満洲も独立をめざす同じ国ではないか」と日本は言ったのです。

松岡洋右が反論しているように、当時のシナは政府がひとつではなくて、内乱状態にあった。日本軍が引いて満洲に自治を認めたら、そこに内乱を持ちこむような話です。やっとの思いで日本が安定を築きあげたのに、何も事情がわかっていないヨーロッパの大国が、日本が侵略したと一方的に攻撃してきた。

しかも、イギリスが旗をふると、みんながしっぽをふった。イタリアはたしか最後まで脱退しなかったのですが、ソ連はその当時まだ入っていなかった。ドイツは翌年、脱退しています。ヨーロッパ諸国がアジアの情勢に無知であっただけではなくて、アジアをなめていたんです。無知であると同時になめていた。いまと同じです。

中西　それ以上に、満洲事変は、アメリカがこの問題をめぐって、孤立主義を捨ててグローバル覇権への第一歩をアジアに確立しようとして、外から連盟とイギリスをけしかけて大問題にした。そして、そのためにアメリカが九カ国条約をタテにして連盟の尻を叩いて、日日本包囲網をつくらせた。当時の世界秩序の構造からいうと、国際連盟はただのヨーロッパ連盟でしたが、以後、フランクリン・ルーズベルトが連盟を牛耳っていく。

西尾　ただの〝ヨーロッパクラブ〟なのに。

中西　ヴェルサイユ条約（一九一九、パリ講和会議）とか、集団安全保障とか、連盟規約に書いてある平和機構としての機能は、けっして今日のようなグローバルなものではなかったのです。いわば、「アジアは全然違う世界」として、連盟の理念やヴェルサイユ体制の機能のまったく視野の外の存在でした。

この点で、「ヨーロッパのものをアジアに適用する」などと誰も考えていなかったのです。だから日本も、その前提でヴェルサイユ条約に調印した。つまり具体的には、条約の中にある連盟規約を受けいれたのです。日本以外にまともな独立国がひとつもなかったアジアでは、まだまだ「まったく違う秩序が今後も支配するだろう」と、誰もが考えていたのです。

西尾　第一次世界大戦当時、アジアはまだ「民族自決」をやっていないんだから。

中西　それどころか、欧米の大国たちがまだ、がっちりと植民地に居座っている。

西尾　それでいて、日本は満洲から軍隊を撤退して、憲兵だけを用いなさいと。あの混乱の最中にあった大陸を憲兵で守れなどというのは、あまりにも現実離れした話です。

中西　日本から満洲の権益を奪いとるための「為《ため》にする議論」ですね。戦後日本では保守派の中にさえ、「リットン報告書」を受け入れておけばよかったのに、と言う人がいますが、後づけの議論としても、これは米英に対する甘すぎる見方と言わねばなりません。あんなものを受け入れていたら、付属地をなくした満鉄の守備はまったく不可能になり、日本は満洲から叩きだされていたのは確実です。満洲全体の秩序も崩壊したでしょう。

西尾　内乱を持ちこむような話です。

中西　イギリスやフランスにしてみれば、あわよくば、アメリカの尻に従って、満洲の利権にひと口かんで鼻を突っこみ、日本を牽制しつつ日中間の恒常的なもめごとにして、徐々に自分たちの利益、国益を広げようとしていた。つまり、アジアはまだまだ欧米帝国主義が支配を広げようとする地域だったのです。

これが、満洲事変の背後にあった秩序あるいは無秩序の構造です。第一次世界大戦後のアジアにおけるシニカルな、偽装されたこのネオ帝国主義こそ、リットン調査団を派遣した諸外国が抱いていた動機だったのです。

「国際協調」という名の欧米追従の精神が、日本の痛恨事

中西　前に申しあげたとおり、当時の日本は欧米帝国主義国にとってあまりにも大きな存在で、このままいくと日本がインド以東をほとんど全部支配するだろうと、戦々恐々としていました。第一次世界大戦以後、欧米の大国にとっての日本は、まったくリアルな脅威だったのです。大戦後もはや日本は「存在するだけで脅威」となっていた。「エグジステンシャル・スレット」――「実存的脅威」という言葉を、当時のイギリスの外務次官ヴァンシタートという人が繰りかえし唱えています。

つまり、日本がどんな意図を持っているかは関係ないというわけです。日本が現状の勢力で存在するかぎり耐えがたい脅威だと言っている。これはいかに日本を怖がったかということですが、それで、日本が何をしても、必ずその意図を疑い、包囲網をつくろうとする。

当時の日本人も、いまの日本人もそうですが、こういった国際社会の認識構造にまったく気がつかない。昔も、いまも、優等生よろしく「国際法は各国に平等に適用される」と考えてしまっている。「日本も連盟の加盟国の一員なのだから同じ平面で評価され、合理的に主張すれば言い分が通る」と思いこんでいる。

しかし欧米は、前述の「西洋近代」の議論で見たように、自らの「いかがわしさ」と「あ

ざとさ」を反転させる形で、非西洋世界との力関係にはきわめて過敏で、非常に差別的な規範意識で国際秩序を解釈していた。そもそも自己中心的な偏見にもとづく主観的な要素がしばしば決定要因になるのが、国際社会です。

「あの国が気に入らない。じゃあ、あの国をなんとかして、みなでいじめてやろう」ということで、ようやく秩序が成り立つ社会なのです。福沢諭吉が、「国際関係は私《わたくし》の世界」と言いました。法や規範の公平な適用が期待できる国内社会が「公《おおやけ》のある世界」であるのと比べ、国際社会は個々の国家が最終的な正義を確保しているからです。国際社会には共通の政府や執行権力がないからです。「あの国が好き、嫌い」、そういった理由で「正義」はつねに相対化される。

西尾　そもそも制裁権がないですからね。

中西　だから、必ず「私情」、つまり各国の個別的立場や国益が最終的決定権を持つ場なのです。

西尾　ところがアメリカは、このころから自分たちが制裁権を持っているように思いはじめるんですね。

中西　そういう意味で、アメリカの国際法理解は、自己中心性の強い恐ろしい力の支配を国際社会に持ちこんだのです。「パックス・アメリカーナ」の始まりですね。

先ほども言いましたが、「国際貢献」という言葉があるのは日本語だけです。プロパガンダ用語だと割りきって使うならまだしも、こういった言葉を信じきって使っている、いまの日本人の感覚からは一日も早く脱却しなければ、日本は再び大きな悲劇に見まわれるでしょう。国際社会はとうてい公平ではありえないし、「国際社会は、個別国家よりすぐれたもの、強いもの、公平で正しいもの」という、日本人の牢固《ろうこ》として抜きがたい先入見《せんにゅうけん》ほど危険なものはない。

国際社会というのは、それほど生きにくい社会である。われわれ日本人が「よきもの」とする価値観と相反するものが、国際社会の根っこにはあります。そういう国際社会観を戦前から持っていたら、たぶん日本の行動は違ったと思います。

もうひとつ、戦後の歴史家は「日本がどこで間違ったか」という議論をよくやります。大東亜戦争につながる話ですが、どうしてもその文脈で語れというなら、満洲事変、あるいは大正八年（一九一九）の国際連盟発足時点から、日本は「アジア諸民族の解放」という理想に徹しきって生きるべきだったと思います。

ヤップ島がどうしたとか、山東《さんとう》半島でドイツが持っていた利権を日本が引き継ぐなどというのは、いわば小役人としての外務省の議論です。こういった議論だけに固執せずに、大正期から日本は、せめて理念だけでも、「われわれ日本は、アジア民族を解放するのを国是としている。お前たち欧米は帝国主義だ。アジアから出て行け」と、最初からやるべきでした。

西尾　それは、少し遅れるけれども出てきますが。

中西　大幅に遅れていますね。

西尾　でも、第一次世界大戦後のころは、そんなことは言える空気ではなかった。

中西　第一次世界大戦後の、あの誤った「国際協調」の精神を日本人が信じこんでしまったことが、日本の痛恨のあやまちというべきで、これは七十年後のベルリンの壁の崩壊に始まる冷戦終焉後の日本人の「国連中心の国際協調の時代が来た！」とか、「二十一世紀は希望の世紀だ」などと言いつのった平成日本の過誤とまったく同根のものです。そして私に言わせれば、このあやまちがいつ始まったかというと、日露戦争後の時代です。

西尾　戦争に勝利した日本を、アメリカが大艦隊で威嚇した白船《しろふね》事件（一九〇八）。

中西　あのあたりからです。日本の警察が、フランスからの独立運動を日本でするベトナムの留学生をつかまえてフランス当局に引渡したりする日仏協商（一九〇七）とかは、春秋《しゅんじゅう》の筆法からは、まさに日本による「大東亜の恥」ともいうべき、欧米帝国主義に屈服した外交でした。

日露戦争で日本が勝ったから、たとえば、ベトナム人のファン・ボイ・チャウとかね、ああいうベトナム人が東遊《とうゆう》運動と称して、日本に留学し、独立をめざして日本に学ぼうとしたのに。彼らはいっせいに日本を見限り、共産主義に走ってゆく。

西尾　日本で学んで、日本にフランスからの独立を手伝ってもらってと思っていたのに、追い返してしまった。

中西　そう、追い返した。あれは痛恨のあやまちでした。日仏協商を結んで、先進国の一角になったつもりで喜んでいた日本は、まったく愚かで醜悪でした。実際これは、今日の外務省外交にも通じる「鹿鳴館ボケ」の高じたものでした。

西尾　日本は先進国になりたいために、アジアを裏切るような面があります。

中西　いまもあります。「G7」とかいって、徐々にアジアから孤立している。昔も、いまも、この「先進国クラブ入り願望」こそが、つねに日本の痛恨のあやまちに結びついてきた。

ただし、西尾先生がいまおっしゃったとおり、だいぶ遅れるけど、ずっと後になって気がつくんです。「しまった」と。昭和十年ごろでしょうか。これが昭和十八年の「大東亜宣言」に結びつく。しかし、時すでに遅し、です。それぞれ十年ずつ早ければ、日本の大義は傷つかず、二十一世紀もすべての日本人が胸を張って生きられたのに、と思います。

西尾　いまの話は大事な話です。日本には、どうしても明治以来の鹿鳴館意識があります。あるべき理想を追うよりも、「欧米に追いつき追い越せ」ということを優先し、欧米を神様のように求める一面があったために自分の姿が見えなくなる。

そのために、イギリスに遠慮し、フランスに遠慮し、オランダに遠慮して、アジア人の解放運動を求めてくるインド人やいろいろな人たちの活動は、中村屋のボースのように一部民間人が支えたりはします。けれども国家は、なかなか「アジアのための日本、アジアの中の日本」とはならなかった。

本性を現わしたアメリカの反日性

西尾　第一次世界大戦が終わってパリ講和会議のときに、山東半島返還をめぐる騒ぎがありますよね。あのとき、講和会議でシナの代表を理屈も何もなく応援したのがアメリカです。これにはまったく驚かされます。

中西　あれもウィルソンの反日政策の一貫です。ウィルソンは一九一三年の就任以来、セオドア・ルーズベルト以来の対日外交を転換し、以後、一貫して日本敵視のアジア政策を推進してゆきます。ヴェルサイユでもこれをやったのは、日本を孤立させ包囲するためです。

西尾　たとえば、シナ人は西洋の法理論をまるっきり勉強していないので対応できなかった。そこでアメリカ人の法律家顧問団を貸しだして、手取り足取り、シナに日本をやっつける理屈を教えてやったりしています。そういう点、アメリカはしたたかです。親の敵討《かたきう》ちをさせてやるみたいなことをシナ人に許して、自分たちはその「助っ人役」をかって出ます。これが、五・四運動などの反日運動につながってきます。

一九二〇年くらいまでの二、三年のあいだ、米英の宣教師たちがシナの反日運動を手助けしています。それが一九二三〜二四年になると、コミンテルンが出てきます。ロシア革命の五年後です。そうすると今度は、米英がやっつけられたりする立場になって、彼らの思惑は裏目に出ます。

当時の日本もしっかりしなかったけれども、あのとき日本の資本と米英の資本が手を結ぶことができたなら、同じ資本主義ですから一致団結できたはずです。あのとき、日米英の共同でコミンテルンの動きを封じていれば、毛沢東《もうたくとう》の出現を防げたはずです。

中西　幣原外交の愚かさと鈍感さのせいです。

西尾　日本人がちゃんとしないで、欧米崇拝にうつつをぬかしているうちにチャンスを逸《いっ》した。ところが米英のほうも、愚かなことに反共よりも反日を選んだのです。これは歴史に逆行する愚行であったと思うし、二十世紀の暗黒化はここに始まると言ってもいい。

米英は、ただ日本を攻撃するだけではなくて、対日作戦に決定的な間違いを犯した。ソ連を抱きこんでしまったことで、新たな展開が起こった。孤立した日本は、ドイツやイタリアへ接近するほかなかったわけですが、この流れをつくったのは米英です。

中西　ウィルソン政権が反日戦略に突っ走ったウラには、民主・共和を問わずアメリカの中枢部に、ロシア革命やコミンテルンに共鳴したり、呼応する勢力がいたことも大きい。

西尾　この罠が、いまに至るまでつながっている。中国のことに対してシビアなことを言っておきながら、もう一方で、「安倍さん、余計なことを言ってはいけないよ」と釘を刺されるものだから、安倍さんは「戦後七十年談話」であういうふうに腰折れしてしまう。あれはアメリカに脅《おど》かされたのだと思います。

中西　そのとおりです。まず、「七十年談話」の半年以上前に、二〇一五年の一月から二月にかけて、安倍談話の内容についてアメリカからの強い働きかけがあったことは、間違いない事実です。その一端が現われたのが、「七十年談話」をめぐる有識者会議の北岡伸一《きたおかしんいち》座長代理が公式の場で「安倍首相は、日本が侵略したと言うべし」と声明したことです。最近も、アメリカの元高官や複数の全国紙の政治部記者が、それ以外にも様々な根拠をあげて、「談話」へのアメリカの圧力があったことを証言しています。

西尾　みっともない妥協の仕方ですからね。あんなことをするなら、そもそも「七十年談話」なんて出す必要はなかった。

中西　ふつうに考えると、安倍首相には、あれほどの圧力がかかるなら、今回は談話を出さずに見送るとか、あるいは、あそこまで「東京裁判史観丸出し」の談話にはせず、もっとトーンを落とすとか、他に選択肢はいっぱいあったのに、なんであんな変な「謝罪談話」をあえて出したのか。それは、安倍氏の側にもアメリカの圧力に呼応する積極的な理由があったからです。

しかも驚いたのは、日本の保守派の代表的なジャーナリストや知識人までが、あんな談話を手放しで称賛してしまった。あれはまさに、安倍政権への媚び、諂《へつら》いも極まれりというものだったのですが、「ハーメルンの笛吹き男」さながらに彼らがいっせいに笛を吹いたので、心ある保守の人々が追随してしまったのです。

こうしたアメリカの歴史をめぐる反日の歴史路線は、二十世紀初めまでさかのぼります。たとえば、一九一九年の五・四運動は、アメリカがけしかけて中国の反日運動に火をつけましたが、もうひとつ、これと同様に忘れてはならないのは、同時期の三・一万歳事件です。

西尾　朝鮮。

中西　中国の五・四運動と同じ年、一九一九年の三月一日ですから、五・四運動より二カ月早いです。

実は、アメリカの宣教師があの暴動をけしかける煽動《せんどう》に関わっていたという確かな証拠が、最近になって出てきています。宇都宮太郎《うつのみやたろう》という陸軍参謀本部の情報部長をへて、当時は朝鮮軍司令官の証言です。彼は明石元二郎《あかしもとじろう》と同じくらいのランクの、たしかな功績を積んだ情報将校です。

彼の日記が最近、何冊か出ました。その中のある個所に、「米人宣教師による煽動、数知れず」とあります。いわゆる三・一万歳事件の発端についてです。そして、「朝鮮統治を妨害しようと、つねに背後で糸を引いている外国勢力をもっと調査しておくべきだった」というような趣旨の記述が、万歳事件の最中に出てきます（『日本陸軍とアジア政策――陸軍大将宇都宮太郎日記・3』、二〇〇七、岩波書店）。

宇都宮はけっして武断派の軍人ではなく、英国駐在武官もつとめた親英米の開明派で、朝鮮統治にも「文化政治」を訴えていた人物です。しかも、これは明確な史料ですから、万歳事件の歴史を問い直す大きな手がかりになります。

実際、「アジア各国で反日運動を煽る」というのが、アメリカのウィルソン政権の方針でした。五・四運動も、三・一万歳事件も同じ構図です。周知のとおり、当時の朝鮮は日本統治下です。その日本統治下でさえ、アメリカの宣教師はそういうことをやっていたのです。しかも、なぜか日本の朝鮮総督府はそれを横目に見つつも、手を出すことができなかった。

日本政府・外務省がアメリカとの揉《も》めごとを避けたかったからでしょう。
柏原　朝鮮でそれなら、ましてや大陸なんて、やりたい放題ですね。

アメリカの宗教的偽善から生まれた「正戦論」

西尾　何が宣教師を動かしめたのか。反共ではなく、反日に舵《かじ》を切った米英の愚かさの基本にあるものは何でしょう。

ひとつには、満洲の経済的利権を手に入れたいという米英のエゴイズムで、これはもちろんあるでしょう。

もうひとつは、布教上の理由が考えられます。日本のキリスト教化をめざしたけれどもうまくいかない。それに対して、シナ人や朝鮮人は乗ってきそうだ。そういった布教上の理由もあったのではないかと思います。

ここまでは誰も異論はないでしょう。もうひとつ、私は背後にもやもやした理由があったと考えています。そしてこれこそ、いちばん根深く、厄介な問題でもあるのです。

それは、大日本帝国がシナや朝鮮の後ろに控えていることがしゃくに障《さわ》ったということですよ。多分に情緒的な理由です。アメリカ人には、自分たちが圧迫して被抑圧民族というものをつくっておきながら、よその土地で哀れな被抑圧民族を見ると、それを救ってやろうとする。そういった「いびつなセンチメンタリズム」がある。一方で迫害しておいて、他方で迫害された人々を助けるという偽善的性格が濃厚です。これが、グロチウスの思想にもつながってくると思うわけです。

戦争というものに、他罰《たばつ》というか、「正しい戦争観を持つもの」は、「間違った戦争観を持つもの」を罰していいと。これを「差別的戦争観」、あるいは「差別的歴史観」といいます。

中西　国際法の伝統では、「正戦論」ともいいます。

西尾　そういう考え方の背景にあるのは、「大日本帝国という帝国主義が、かよわきシナ人や朝鮮人をいじめている。だから日本を罰していいのだ」と。その懲罰は何の名において行なわれるかというと、「神の名」において行なわれるんです。ただ、宗教を前面に出すわけにもいかないから、「人類の名」においてやっていいのだと。

「人類の名」における裁きの法廷は、ニュルンベルク裁判から東京裁判にまでつながってくる理念です。そういう発想しか出てこない欧米によって、いまもなお世界が動かされているという事実から目をそらしてはいけない。

なぜそれが出てきたか。ここから先は中西先生に聞きたいと思っているんですけど、昔の世界の戦争観といえば、戦争はどんな国家でもするのが当たり前だった。国家はいざというとき、戦争に訴える権利がある。マキャベリがそう言っている。あるいはベーコンが、「内戦は熱病だけれども、対外戦争は健康によい」というようなことまで言っている。

これは、「戦争をする、しない」は各国の自由であって、国家の理性のうち、国家の権限のうちであると。各国家の上に立つ神の裁きを設定する考えは、むしろ危険だという謙虚な考えがあった。

ところが十七世紀の三十年戦争によって悲惨な時代を経験すると、戦争にも「正しい戦争」と「不正な戦争」の区別があるという観念に走った。

このとき、アウグスチヌスの昔の思想を持ってきて、グロティウスの「正しい戦争」という考え方が浮上するんです。ある国家が理由なく他の国家を処罰するなどというのは無礼な話だけれども、理由があればよろしい。たとえば、圧迫されている民族が圧迫者に対して戦争をしかけるのは正しい行為であると。

そこで「人類」という言葉が高らかにかかげられた。これは私がずっと気にしているテーマです。

戦争と平和の本当の意味

中西　いま西尾先生がおっしゃったことが、西洋文明と国際秩序の根幹に関わる話です。国際法学の伝統からいくと、いわゆる「正戦論」と「無差別戦争論」です。

教科書的ではありますが、そこに至る歴史を少し整理してみたいと思います。十七世紀の初め、三十年戦争のころです。グロティウスが書いた『戦争と平和の法』という古典的な著作は、一六二五年が最初の出版だったと思います。まさに三十年戦争の真っ最中です。グロティウスは、オランダのハーグとアムステルダムに拠点を置いて、そこで著述や外交活動をしていたユダヤ系の知識人です。おっしゃるとおり、自然法にもとづく一種の「正戦論」を体系化しました。

しかし、だいたい十七世紀後半になると、一六四八年のウェストファリア講和会議で成立した主権国家からなる「国際社会」という秩序観が確立し、その定式化のために、ドイツにプーフェンドルフという法学者が出てきます。このプーフェンドルフあたりからドイツ思想の影響も受けて、いわゆる「無差別戦争論」的な議論の芽が少しずつ出てきます。

つまり、主権国家というものは、お互いに完全な平等の権利つまり主権を持っている。要するに、自らの選択によって戦争をする権利も持っている。それで最終判断は各国家に委ねられているのだから、お互いに「正しい戦争、悪しき戦争」という区別をなくしましょうと。「戦争によいも悪いもない」とする無差別戦争論の登場です。

プーフェンドルフあたりが活躍する時代からさらに、十八世紀に活躍するバッテル、このへんの時代に入ると、ウェストファリア体制が「ヨーロッパ文明の枠組」の一部として完全に確立してくる。各主権国家の対等性や平等性を大前提に、国際法学が体系的に組みかえられるわけです。

グロティウス以前の国際社会は階層的で、いちばん上にローマ法王がいる。次に神聖ローマ皇帝がいて、その次に各王国があって、その下に各公国があって、こういう階層的な国際社会観が支配的だったのです。ところが、十七世紀後半から十八世紀にかけての国際社会は、各国家はなべて平等に、そして主権国家の下には、すべて国際社会の成員としては存在しないことになった。つまり、主権国家であれば全部、「権威において対等で、そのあいだに上下関係はない」という考え方が定着していきます。

それとともに、それぞれの国家が国権の発動として行なう戦争は、どれが正しく、どれが間違いかを判定する上位の権威が存在しない以上、「すべての戦争は価値において平等である」となった。いわゆるバッテル的な「無差別戦争観」が支配的になっていく。

西尾　だんだんですね。

中西　遅くとも十八世紀始めには、国際法の体系として完全に確立していきます。もっと昔では、たとえば、ある国とある国が外交官を交換するときに、一方は大使を派遣しているのに、それを受け入れている一方の国が、「お前のところは小さい国だから公使でいいだろう、あるいは代理大使でいいだろう」という不平等が当たり前でした。
十八世紀になると、国家平等の原則がすみずみまで貫徹して、大使を派遣されれば、必ずこちらも大使を派遣する。向こうが外交官特権を認めるなら、こちらも認める。そういう相互主義が、主権国家の対等性から導きだされて確立してゆく。それが西ヨーロッパで言えばスペイン継承戦争の時代、十八世紀初頭のルイ十四世の晩年期です。一七一二〜三年にユトレヒト条約という条約が結ばれて、ここでほぼ完全に認められる。

西尾　わかりやすい歴史の整理で、ありがとうございました。このようなヨーロッパにおける対等な国際関係は、十九世紀にいちばん定着した。日本が世界史に出てくるのは、ちょうどこの時代です。
日本人は、この考え方を文明史の必然と理解して、ヨーロッパの歩み方を「道」として学ぶわけなんです。福沢諭吉も、内村鑑三《うちむらかんぞう》も、森鷗外《もりおうがい》もそうですが、すべての知識人が、単線的にそのような理想を世界史の「道」とした。そして、その「道」に合わせることが、日本の行動指針となった。日清戦争も、日露戦争もそうでした。

ところが、それが成り立っていたのは十九世紀末までで、やがてドイツが抬頭《たいとう》し、アメリカが介入し、イギリスが押さえていた秩序は壊れてしまいます。

その前に、「ビルマルクの平和」というものがありました。ビスマルクが押さえていた十九世紀末葉のヨーロッパは割に安定した状態で、各国はお互いに侵略しあわない。版図《はんと》拡大の限界が来ているから、これで安定させましょうと手を打ったんですが、その代わりアフリカを勝手に奪いあいましょうというのが、この時代の平和です。ヨーロッパ同士は、国境画定の時代に入ってしまっていた。

ドイツがだんだん力を付けると、ビスマルクが死んだ後には、露仏同盟が強くなってきました。ドイツはオーストリアやイタリアと三国同盟を結ぶ。両同盟間の対立関係が生まれてきます。それと同時に、イギリスが十九世紀を通じて、ヨーロッパの外で力を発揮するようになっていく。

イギリスがヨーロッパの埒外《らちがい》に出たのは、力があり余っていたからというよりも、ヨーロッパ諸国から相手にされないから、外の世界――アジアに挑戦したのだという見方もできないわけではありません。それにしても、イギリスは巧妙だった。イギリスの覇権がヨーロッパを安定させたという、もうひとつの面がありますね。

中西　あります。

西尾　そこまではよかったけれども、ドイツの抬頭でそれが壊れるわけですよね。

「ヨーロッパ文明」の瓦解《がかい》に巻きこまれた日本

中西　ひとことよろしいですか。先ほど柏原さんが、ポール・ヴァレリーの「まさしく精神の危機、それが西洋文明の瓦解を意味する」という言葉を引いておられましたね。
ヨーロッパ文明は、ウェストファリア体制、主権国家間の平等、国家の対等性、あるいは国家がすべての人間文明の単位のひとつだということ。そして、その国家はお互いに並列で、各国家は権威においても並存していて、お互いに対立することはあっても、その場合は小さな戦争を繰りかえすか、勢力均衡で抑止構造をうまくつくり、このメカニズムで秩序を形成している。あるいは、条約を結んだり、協定を結んだり、お互いに国民の理解、王家同士の結婚など、さまざまな手段を使って実存的な平和をそのつど営んでいく。この国際社会のあり方が、まさに「ヨーロッパ文明の核心」だったわけです。
西尾　でも、実際にそれがうまくいったのは、せいぜい百年くらいでしょ。
中西　第一次世界大戦まで続いたわけですから、二百五十年は続いています。始まりとしては、一六六〇年ごろから、ウェストファリア体制がヨーロッパ的次元で支配的となり、完全に定着していたと思います。

西尾　始まりをどこに置くかが問題で、十七世紀から十八世紀にかけて英仏戦争が激しくあったでしょ。

中西　英仏戦争はありましたが、すべてウェストファリア体制の枠内で、その国際秩序にのっとって行なわれた限定戦争です。たとえば、その中で「七年戦争」（一七五六〜六三）がいちばん大きい戦争で、オーストリア継承戦争とか、スペイン継承戦争とかはもっと小さなスケールでした。典型的なウェストファリア的な限定戦争です。

西尾　英蘭《えいらん》戦争とかね。

中西　英蘭戦争は、十七世紀のことでした。どれも、みんな商業上の利権を争う限定戦争です。

西尾　ですから、戦争は利益の下に行なわれ、敵を殲滅《せんめつ》することはしない。

中西　それが、文明と野蛮を分ける有力な「ものさし」でしたから。

西尾　その代わり、お金のやり取り、領土の分割、植民地の分け合いをした。

中西　そうです。それで勢力均衡が回復したとして、その儀式が終わると平和が回復し、元の友好関係がきちんと確立していく。私はこれは、人間文明が到達した最高水準の国際秩序形態だったと思います。二十世紀以後はむしろ、この頂点から野蛮へと文明が凋落《ちょうらく》した歴史です。そして、これを促進したのが、パックス・アメリカーナでした。

西尾　それができたのも、神話的秩序があったからでしょうね。「ヨーロッパ文明」というミュートス（神話）があったからです。

中西　それは言えていると思います。ヨーロッパ外の世界に、そんなものは一度として存在したことはないですから。それがヨーロッパ外の世界に持ちだされた。しかも、せっかくこの秩序に適応して努力している日本は、急に国際連盟を持ちだすアメリカによって、まったく別のルールを押しつけられる。これは、先ほどの満洲事変の問題にも及んでくる。しかし、アジアでは生きていたこの秩序は、ヨーロッパでは第一次世界大戦で壊れたとされるわけです。つまりヨーロッパでは、その文明が瓦解したということでしょう。

西尾　そうです、そのとおり。

中西　このように二十世紀に入ると、「ヨーロッパ文明」が瓦解していく中で、第一次世界大戦後、ヨーロッパ人が必死になってフィクションにすがりつこうとして生みだされたのが、国際連盟と欧州統合という理念だったのです。

しかし、いま二十世紀に入って、この両者とも結局、破綻《はたん》し、国家の再浮上をもたらしているわけですが、前者の後継とされる国連（国際連合）がとくに危ういのは、集団的安全保障という考えをいっそう強く打ちだしていることです。つまり、「国際機構による平和」という名のもとに、覇権国による恣意《しい》的な武力行使を認めてしまった覇権戦争のような悲劇が繰りかえされてゆく。

これで二十世紀以後、覇権国アメリカの登場とともに、またまた危うい「正戦論」に戻ってしまいました。そこでは、国際社会の一体性を前提に「普遍的価値」を国際秩序の目標価値とした。要するに、「侵略戦争は、神つまり〝文明〟に反する邪悪な戦争」として罰を与えるのだから、侵略国には何をやってもいいのだ、という先祖返りをしてしまう。ところが東京裁判が示したように、「侵略戦争の定義は、戦勝国によるパワーポリティクスが決めてよい」となってしまい、この大きな悲劇に日本が追いこまれていった。

明治開国以来の日本は、当時としては古かったウェストファリア体制に過剰適応した。たしかに、陸奥宗光《むつむねみつ》、小村寿太郎《こむらじゅたろう》の外交は、それではなばなしい成功をしています。

西尾　日本は、「ヨーロッパ文明」を信じたんですね。

中西　終ろうとしていたものを律儀に信じたんです。ひとつには、こういうことだと思います。日本はずっと古代から、「忘れえぬ他者」ということでシナがつねにあって、次に朝鮮があった。つまり、日本文明の根本精神の中には、中華に対しても対等で、この世界は複数の国家が並存するという世界観があった。これが、日本人の古来の世界観です。

だから、幕末に開国したときも、「国際社会では諸国が並存している」ということは、スムーズに受けいれられた。ペリーの黒船が来航して西欧列強が迫ってきたとき、「日本も開国して、そのうちのワン・オブ・ゼムになればいいじゃないの」と、うまく適応できた。ここが、唯我独尊の中華帝国との違いです。

こういうことで、日本はウェストファリア体制に適応しやすかったのです。もともとの日本文明の古代からのそういう外界認識が、近代国際秩序と偶然にパラレル性があったから。

西尾　偶然にではなく、ユーラシア大陸の西端（ヨーロッパ）と東端（日本）が近代の進展の度合いにおいて「ほぼ一致した」ということが、ひとつの「必然」であったと私は見るのですが……。それに江戸幕府は日本の外交権と貿易権を一手に握っていたので、ウェストファリア体制に似てしまいました。

中西　ところが、日本と違って、いちばん厄介なのはシナの世界観です。これは絶対、国家間の平等を認めず、各国家間の階層秩序を固持しようとした。

西尾　自分がすべてなんだ。

中西　しかし「忘れえぬ他者」としての、この唯我独尊を振り回すシナの存在が、昭和に入ると、日本の運命を狂わせていった。先ほど来の話では、「欧米 対 日本」という話でしたが、ここにシナという補助線を引いたら、対中対等、つまり西洋だけでなく中華文明に対しても対等を主張する日本の「世界史的立場」の重要性がより明瞭になってくると思います。

「正戦論」によって懲罰する

西尾　私の処女作『ヨーロッパの個人主義』(一九六九、講談社現代新書)という本にも書いたのですが、ヨーロッパは個と個が張り合う。個人も、地域も、国家も、個が主張しあうけれども、全体としてなんとなく調和していく。個の主張と全体の秩序がけっして矛盾しない。秩序の側には強制がなく、ヨーロッパのミュートスのようなものが遍在《へんざい》している。

中西　そうです。それをレオポルト・フォン・ランケは『強国論』の中で、「エミュレート(張り合う)することで、絶えざる文明の活性化がもたらされる」と言っています。競合的な各主権国家なり、国家社会なりが、お互いに相手の国、隣国と張り合うことによって、ヨーロッパ文明全体として、文化が爛熟《らんじゅく》した。現に哲学、文学、あるいは芸術と、あらゆるものが十八世紀から急激に高いレベルに洗練されていく。

ランケの言うとおり、まさにウェストファリア体制があの成熟したヨーロッパ文明を築いたのです。私はそう思います。国際政治学者の高坂正堯《こうさかまさたか》氏は、その著『古典外交の成熟と崩壊』の中で、「ヨーロッパ文明が先にあって、そこから近代ヨーロッパの国際秩序が生まれた」と言っていますが、私はその逆だと思います。規範としての国家平等の原則がいちばん重要であって、そこから近代ヨーロッパ文明の発展がうながされたのです。

西尾　「懲罰戦争（刑罰戦争）」「正しい戦争」の展開はその後どうなっていくか。

その当時にグロティウスあたりが言っているのを調べてみてびっくりしたのですが、「正しい戦争とそうでない戦争があるから、個人は不正の側に立つべきではない。明らかに不正とわかる戦争には、個人は参加すべきではない。たとえ国家に対して不服従の罪を犯すとしても」とあります。これは、現代戦争のテーマでもありますが、すでにして当時としては簡単に考えられないほどに、とてつもなく難しい課題を言っていたわけです。

これにはたとえば、アウシュビッツの看守は、有罪か無罪かという問題が含まれます。あるいは、ベルリンの壁を警護していて逃亡者を射殺した警察官に、罪があるのかないのか。

同時に、異民族を圧迫する悪い国家は攻略してもよいというような考えは、これまた現代においても重要な問いを投げかけているのです。チベットやウィグルの悲劇を誰が裁くのか。シリアの化学兵器問題はどうなったのか。コソボの爆撃は正しかったのか。北朝鮮やイランに核査察せよというけれども、それだって主権の侵害ではないのか。

当時、ヨーロッパの国際思想が、早くも現代の問題にも適応できるような新鮮な思想を展開していたことに驚かされたのですが、問題も起こってこざるをえません。誰が「人類の名」において他国の主権を侵《おか》すことが許されるか。

現在においてもまことに難しい問題であるのに、第一次世界大戦と第二次世界大戦のあいだという、各国の正義が危うくぶつかりあう時代にグロティウスの理想をふりかざせば、どこかの国が大きな得をするということが起こりうる。「人類」の名のもとに、一国が利益を上げるということが起こりうる。そして実際に、起こったわけなんです。

すなわち、「懲罰戦争」と称して特定の国の戦争を「不必要な戦争」と認定する。この轍《わだち》こそ、日本があの時代に知らないうちに被《こうむ》ってしまった汚名です。今日におよんで「従軍慰安婦が何だ」などという些末《さまつ》な話で責められつづけるのは、ここらに問題の起点があるんじゃないでしょうか。

中西　戦間期において、そのような「懲罰戦争の正義」という価値観を振りかざし、グローバルな覇権の確立をめざして、たいへん大きな利益を上げたのは言うまでもなく、アメリカという国です。ウィルソンやフランクリン・ルーズベルトの理想主義は、第二次世界大戦で実現するアメリカのグローバルな覇権確立のための巧みな手段だったといえなくもない。

しかし大戦が終わり、その後、冷戦が始まります。アメリカは、共産主義という「もうひとつのグローバリズム」を奉じる膨張主義によって、そのゴリ押しの覇権主義を抑制せざるをえなくなります。つまり、日本に国境を超えて圧力を加えようとする「二つのグローバリズム」のあいだに奇妙な勢力均衡が生まれます。そして、アメリカの本来独善的な覇権の圧力を免れさせてくれたこの冷戦という時代が、日本にとっていかにハッピーであったか。

西尾　そうそう、そのあいだ、ぼーっとしちゃっているんだ、日本は。

中西　しかし、「冷戦の終焉」で何が始まったか。ベルリンの壁が崩壊し、とくに一九九一年に湾岸戦争というものがあった。それによって始まったのは、日本にとって悲劇的な「戦間期の再来」というものでした。

西尾　ヨーロッパではあのとき、コソボ紛争、ユーゴスラビアの内乱があったわけですが、日本は、やはりぼーっとしていたんです。ところがあの時代に、ちょうど「教科書問題」が起こりますね。つまり、来ていたんですよ、日本列島にも。「教科書問題」という形で、そういう嵐が。

中西　いまでもそれらを、中韓からの「歴史認識をめぐる圧力」と単純に見る人が日本の保守派には多いですが、そこには、戦間期と同様、アメリカが裏で中韓を使嗾《しそう》（そそのかし）している構図が再現しているのです。戦後七十年の「安倍談話」はまさにその極致だったといってよい。

こうしたアメリカの動きの裏には、彼らが言う「歴史修正主義」をやっつけるために、「日本にはどんな罰を加えてもよい」。アメリカの歴史観・価値観を共有しないと言うなら、「日米同盟など崩壊しても構うことはない」という、アメリカ的原理主義にもとづく懲罰志向が強くある。

西尾　「反日正戦論」です。「われわれは正しい戦争によって日本の野心をくじいた。だからやり返していいんだ」と。

金泳三《キムヨンサン》というのがいたでしょ。江沢民《こうたくみん》があれと手を結んで、ソウルで日本を攻撃するような演説をした。「なぜ、民主主義のはずの韓国が、共産主義の中国と手を組むのか」と、あのころ私は思いました。冷戦が終わって間もないのに、いつのまにか、西側と東側とが対立の枠を外して日本をやっつける構造に変わっていました。

世界では湾岸戦争があったりしたのに、日本は冷戦のときと同じように、目をつぶったままだった。

中西　湾岸戦争でアメリカは国連を利用して世界単独覇権を手に入れ、「ソ連との対決」から、「日本とドイツへの圧迫」へと、明確に戦略の舵を切っていたのに、日本はまったく気づかなかった。第一次世界大戦後とまったく同じ構造です。大正中期のこの時代、日本は世界の列強の仲間入りをした。そして、当然のように袋叩きさながらに叩かれた。

に。

哀れだったのは、幣原喜重郎《きじゆうろう》のように日本人が本気でアメリカを信じて対米協調外交をかかげ、安穏《あんのん》としていたことでした。アメリカは、満洲から日本を叩きだそうとしていたのに。

冷戦終焉のときも、日本は国力最高です。「ジャパン・アズ・ナンバーワン」といわれるほどでした。当然、欧米からボコボコにされることを予期すべきでした。

西尾　そうそう、アメリカが困ったんだ。

中西　ところが、バブルで日本の財界は調子に乗りすぎた。五番街を次々と買いとって、ロックフェラーセンターまで買収した。日本のパワーがピークにあったときに、冷戦が終わった。これが、今日の「日本衰亡の根因」です。

戦争が終わったら、「次の敵は誰か」というところへ一気に神経を集中させる心理――これが欧米文明の、ウェストファリア的な国際秩序の根本精神にあります。必ず敵を求めなければ、国際政治は成立しない。このことが、ウェストファリア体制のいちばんの問題です。あるいは、より広く、これはウェストファリア体制の問題というより、「近代国家」というものの宿痾《しゆくあ》というべきかもしれません。

いずれにしても、あのときからアメリカは、徹底的に日本を叩き、他方、中国を経済大国の座に引っぱりあげる愚を犯した。

西尾　アメリカは何度も繰りかえし中国を持ちあげるという間違いを犯しました。それでいて何度も繰りかえし失敗し、同様に日本もまた何度も繰りかえし手をこまねいて見過すばかりで、スキに乗じることをしませんでした。

中西　やはり欧米文明に特有の、友敵関係に対する、われわれの想像を超えた彼らの強烈なパラノイアでしょう。一九八〇年代の半ば、冷戦が終焉しつつあったあのときも、「今後は日本包囲網が始まるぞ」と、私はそう日本の論壇で繰りかえし警鐘を鳴らしていたんです。一九二〇年代のときと、まったく同じことが始まるとわかっていたからです。

それは単なる、歴史のアナロジー論ではなく、私の国際政治のセオリーからは、どうしてもそうなると確信していたからです。具体的には、冷戦後の時代は日本にとっては「いばらの道」だから、グローバリゼーションとか、「国際貢献」とか、甘いことを言っていて乗り切れると思ったら、だめなんだと繰りかえし論じました。「日本としての独自の国力基盤を確保しておかないと、大きく転落してしまう」と、警鐘を鳴らしつづけてきたつもりです。

勝手にやれない日本

中西　あの頃に、一日も早く自分の足で立てるように憲法を改正して、日米同盟も見直すべきでした。その機会は十分にあったんです。

とくに一九八〇年代の終わりから九〇年代の初めにかけては、その絶好の機会でした。日本には周辺におよそ脅威という存在がなかったわけですから。中国は天安門《てんあんもん》事件で完全にへばっていましたし、ソ連も解体して、まったく無力化しています。この期間、日米安保によるアメリカの抑止力も、日本にはまったく必要なかったんです。

それで私は、一九九〇年代頃、「日米安保は政治同盟にして、日本はアメリカから独立して軍事・防衛に関しては最大限、自分の力で自己完結させられるようにすべきだ」という議論を展開したら、猪木正道《いのきまさみち》大先生以下、いわゆる親米保守派の国際政治学者から猛烈な袋叩きにあいました。そして、「猪木門下から中西輝政は破門されたようだ。今後はマスコミでも、学会でも、村八分にするように」とのお達しが流されました。

西尾　それは初耳でした。いまでも同じ力学をひしひしと日本国内の学界世論に感じますが、猪木さんならありうることです。結局、怖いんでしょうね。

中西　何が怖いんでしょう。

西尾　最大の権威であるアメリカに楯突《たてつ》くことが怖いんでしょう。猪木さんも含めてみんな、そういうことを正視することが怖かったんですよ。私も彼には反発した覚えがあります。次期支援戦闘機の自主開発がつぶされたころのことで、私もアメリカの言うとおりにしろという猪木さんに反発して「諸君！」に激しい論文（「『ネオ・ナショナリズム』なんて何処にある?」一九九〇年四月号）を書きましたよ。アメリカの理不尽に怒りや不快を示す日本の言論人を彼は「ネオ・ナチ」と呼んだんですからね。ところが、アメリカにすがっているのが楽だから、みんな何も言わないんです。これが、日本人の総意ですよ。

中西　でしょうね。でもそれじゃ、本当の同盟関係とは、とても言えませんね。だから、トランプが出てきて、「おまえ、勝手にやれ」と言われたら、どうしようと、戦々恐々となってしまう。

西尾　やっと、少し変わるかどうかですよ。「もっと自立しろ」と言われても、この国はなかなか変わらないでしょう。

中西　普通の国なら、トランプのような男に「勝手にやれ」と言われたら、もっけの幸い。ドイツやトルコのように、「じゃあ、勝手にやりますよ」と言うところですが。

西尾　もうひとつ大事なのは、「勝手にやれ」をどう解釈するかでしょうね。「もっと金を出せ」というのなら、「いいですよ、出しますよ。その代わり、基地はどんどん減らしてくれ」と言えないと、意味がない。
日本が自立するには、少なくとも、横田《よこた》とか、首都圏を覆《おお》っている防空網は全部外してもらわないと。首都が他国軍の防空網に覆われている独立国なんかありますか。
それから、「日本の産業は大型航空機をつくりはじめます。武器をアメリカだけから調達することはやめます、他の国からも買いますよ」と。そういうことを認めたうえでの防衛費増額でないと話にならない。
中西　いくらトランプでも、そんな日本の自主権を高めたり、日本の自力をつけるようなアメリカからの自立はけっして許さないでしょう。しかし、そう主張して、そのうえで必要なら、南スーダンかどこか知りませんが、アメリカが出せというところなら、わが精強なる自衛部隊を派遣しますよと。そういう協力はどんどんやりましょう、一人前の大国なんだからと言えばよい。
西尾　ところが、いまのようにシュリンク（萎縮《いしゆく》）して尻込みしているのは国民なんです。それを自民党政府はびくびくしながら見ている。
中西　自民党は単なる集票マシーンにすぎないから、当然でしょう。だから、国民はシュリンクしますよ。税金が増えるのは嫌だし、どこか外地へ行かされるのも嫌だ。どこの国の国民だってそれは同じ。アメリカ人だって、ソ連が崩壊したときは、「万歳。これで平和の配当が受けられる」と言って、みんな喜んだんです。ところが、軍事費は逆にそれ以後ダーッと増えて、アメリカは、前代未聞《ぜんだいみもん》のむちゃくちゃな軍事超大国になってしまった。

国民が「困ったな、どうしよう」と尻込みしていたとしても、そこで政治指導者が、「アメリカはそんなことを言ってるし、これは日本の自立のために必要なんだ」と言うべきです。ところが、そう言って国民を説得するメディアが皆無なのが最大の問題です。日本のメディアは「絶対反対」か「アメリカの言いなりになれ」か、どちらかしかないんだから。だから、自民党はますますダメになる。

西尾 もっけの幸いと思っていないんだもの、自民党は。

中西 そこなんです。政治指導者も、メディアもね。

西尾 だから変わらないんだよ、この国はいつまでたっても。

中西 ただ、この、「いつまでも日本をまともな国にしてなるものか」という「日本抑圧の国際システム」といえる存在がすべての根底にあることに気づく必要があるのです。日本という国が持つ恐るべき潜在能力にわれわれだけが気づいていないのです。一九八〇年代も、一九二〇年代も、日本の近現代史にはつねに同じ運命の構造があって、日本が自力をつけて、「ようやく一人前になれたかな」と思った瞬間、アメリカを中心とした対日包囲網にハメられ、ボロボロにされるんです。この繰りかえしが、この百年間の歴史です。

西尾　自民党は左翼政党なんですよ、基本が。

何を根拠に日本の戦争が「侵略」にされたのか

西尾　いまの話をもっと深く続けましょう。要するに「人類の名」において正邪《せいじゃ》を決めるというのが、「差別戦争論」の極限です。それが第一次世界大戦と第二次世界大戦の中間期、つまり戦間期に登場した。グロティウスを利用して登場した。その危険な思想を実行した人物こそ、ほかでもない、当時のアメリカの司法長官、ロバート・ジャクソンです。ニュルンベルク軍事裁判を取りしきった筆頭検事です。

中西　あのたいへん野心的な出世主義者のことですね。ジャクソンという人物は、東京裁判の筆頭検事になるアメリカ人のジョセフ・キーナンとまったく同じ人間類型の男です。彼らは二人とも、自らの強烈な野心から、ワシントンの政権中枢が推進する世界戦略に全面的に奉仕する機会主義者ということで、みごとに一致しています。

西尾　ジャクソンは、アメリカの「武器貸与法」の制定が国際法違反ではないかと、各方面から問われました。アメリカは、ハーグの中立国の規定に反している。中立国というのは、交戦国の双方に対して厳密に等距離でならなければならないのに、アメリカは中立国と称しながらイギリスやシナ、ソ連に武器を貸与していた。これが不法行為ではないかと問われたのです。

それに対して、ジャクソンはどう返事したか。「ハーグの規定は、第一次世界大戦を経過していて、古い規則だからすでに無効である」と。その論拠として持ちだされたのが、さらに古いグロティウスの「人類の名における正義の戦争観」だったのです。

国際法の考え方にも変化が訪れていて、当時は明らかに、ドイツを念頭に、これを懲《こ》らしめるという思想が第一次世界大戦後、抬頭していました。「正戦論」はよみがえって、それを最大利用した国がアメリカになります。

まさにイギリスからアメリカに世界覇権が転換していった時代である。アメリカが第二次世界大戦の主役になっていき、戦後もそのまま世界を支配し、今日、トランプがあわただしく飛びだしてくるようなところまで、ずっとつながっています。

そのとき、「平和への脅威」に対しては連盟諸国が互いに連携しあって戦争をする。これを「攻撃戦争」という言葉で呼びました。

攻撃戦争はアグレッシブ・ウォー、ドイツ語ではAngriffskriegです。日本語では「侵略戦争」と翻訳されます。私が知るかぎりでは、「侵略戦争」は東京裁判での訳語でしょうか。

侵略には「中へ入っていって侵《おか》す」というインベージョンの意味があります。でも、攻撃戦争は、単なる予告なき先制攻撃のことですから、もっと概念は広く、前例も多い。アメリカは、そんなことはたくさんやっている。ニカラグアでやっているし、パナマでやっている。

中西　二〇〇三年のイラク戦争はまさにそうです。それに二〇一四年のロシアによるクリミア占領。それらが侵略戦争でなければ、およそ地上に侵略戦争などというものは存在しない。この事実ひとつで東京裁判の不当さは明らかなのに、なぜいまの日本人は誰もそれを言わないんでしょう。

西尾　話を続けますとね、ロバート・ジャクソンこそ、グロティウスが教えた「正と不正の差別戦争観」にもとづいて裁判を行なうと宣言していた人物です。そのジャクソンの思想と方針を全面的に受け入れたのが、キーナン検事です。

これで、東京で何が起こったかも、明らかではありませんか。

満洲やシナ、東南アジアの国々で日本軍がしたことを検証したことは一度もありません。ただ「人類の正義に反した」と頭ごなしに決めつけて、独断的に、まさしくナチス・ドイツと一蓮托生《いちれんたくしょう》に、ひとくくりにしてカタをつけようとしたわけです。最初から決めつけていたのです。しかもその罠は、先ほど申しあげたように、パリ講和会議の最中にセットされていた。それは、日本が孤独で誠実な主張を繰りひろげていた戦間期です。

東京裁判も出来レースだったんですが、ただこれに遅れて馳せ参じたベルト・レーリンク判事は違っていました。アメリカのシナリオどおり演じていたウィリアム・ウェブ裁判長に対し、グロティウス主義の採用を断わるのです。

レーリンク判事はオランダ人で、グロティウスを生んだ国の人ですよ。だけども彼は、「二十世紀の日本の指導者を、十七世紀のわが国の思想をもって裁くことは当を得ない」と断言した。立派だよね。

ヨーロッパには、まともな人がまだいるんです。だけど、アメリカの力に押しきられた。ウェブ裁判長はオーストラリア人です。もっともオーストラリア人だから、マッカーサーはわざわざ引っぱってきた。まさかアメリカ人の裁判長を置くわけにもいかないし。

中西　当時のオーストラリアは、地政学的にも、精神的にもアメリカの植民地ですから。

西尾　それで、このオーストラリア人は、アメリカの意のままに日本を裁いてくれました。アメリカとオーストラリアはつながっています。これからもそうですよ。

中西　いまのオーストラリアはアメリカと同時に、中国ともつながろうとしている。オーストラリアはいつも、「二股《ふたまた》国家」なのです。かつては英米双方に二股で保険をかけており、いまは「米中の二股」です。だから日本は安倍首相のように、「オーストラリアは準同盟国」と簡単に信用してはいけない。ここでも安倍さんの「価値観外交」は、とても危ういところがあるのです。価値観では動かないのが、とりわけ今日の国際政治の本質なんです。

西尾　なぜそれがわからないのかね。

鎖国下で変質した天皇制

西尾　それにしても、アグレッシブを「侵略」と訳したのは日本の大きな誤りでした。この誤訳が漢字語圏だけに広まってしまったんですよ。きっと、外務省のバカがやったんだ。中国や韓国は、この日本がやった「用語の誤訳」を根拠にしている。単なる「攻撃」なら道徳的意味はありません。

中西　日本人の側にある底抜けの自虐性というのかな。それがいつの時代にも、日本を追いつめる最後の決め手になっています。

日本人は、近代国家の経験が短いから、国内での戦いに勝とうと思って、簡単にアメリカなど外国による分断策に乗ってしまう。内輪の争いは「水際《みずぎわ》まで」という近代国家としての鉄則が定着していないのです。だから、われわれは精神的な次元で一致して外国と対峙しえないのです。対外論争ができない。後ろと前の双方に敵がいるから、貿易摩擦でも、歴史戦争でも、いつも、外国の肩を持つ国内勢力に後ろから鉄砲を撃たれる。根底にあるのは、外の世界の恐ろしさを知らない日本人の底抜けのナイーブさなんです。

ですから、われわれが外圧に抗して日本の国際的立場を主張しようとするとき、いつも躊躇《ちゅうちょ》するのは、まず戦うのではなく、国内が先か、対外が先かということになってしまう。

かつて、内憂外患の時代の中国で蔣介石は、「安内攘外《あんないじょうがい》」と言いました。まず内の敵を平《たい》らげて、そして外国に当たる。これが正しい対応の仕方なのかどうなのか、わが日本民族に対してだけはここに非常に難しいジレンマがあります。これを問いはじめると、日本文明の本質論みたいなところまで行ってしまう気がします。何というか、日本人の、「水際まで」ということを絶対に受け入れない、外部勢力に対する底抜けの性善説的な見方がある。

西尾　鎖国文明なんですよ。

中西　内向きが行きすぎて、意識の中で、外の世界を完全に捨象《しゃしょう》しているからでしょう。

西尾　鎖国というと、徳川幕府に限定的なものだと思う方が多いんですが、そうじゃない。唐が崩壊したのは、九〇七年。十世紀の初めです。実は、ここから日本の鎖国は始まっています。少しそういう話をしましょう。

十世紀の頃までは日本でも、礼《れい》の張り合いというものがありました。礼というのは、元旦儀礼といって、元旦の日に各国の使節を集めて華やかに壮大な儀式をやる。その壮大さを各国が競いあっていた。とくに唐の都長安《ちょうあん》では、そういうことを盛んにやりました。日本からも、遣唐使やら、空海《くうかい》や最澄《さいちょう》などの留学僧やらがいっぱい出かけていきました。

同じことを日本でも対抗上やっていました。アジアの偉い人を呼んで、壮麗な会をやっていた、平安の都に集めて。その記録や研究があります。ところが、唐が崩壊してからやらなくなってしまいます。あらゆる国がやらなくなってしまう。礼の名における戦いというものをやらなくなってしまったのです。唐が崩壊して、東アジアでは国際的な競《せ》り合いの必要がなくなってしまった。

日本では、礼の張り合いをもうやらなくてもいいというところから何が起きたかというと、この国の天皇が権力を失うのです。二次的権力になってしまう。

中西　日本の文明史においては、対外緊張のレベルが落ちると、国内社会がいっぺんに無原則かつアナーキーになってしまう。戦後日本もそうですが、平安時代と江戸時代も似ています。このときも、日本では律令体制が崩れ、神仏習合《しんぶつしゅうごう》が始まってくる。

西尾　上皇が生まれたり、院政《いんせい》が敷かれたり、武士階級が擡頭《たいとう》してくる。天皇は二次的権力になって、それこそ幼帝が出てきたりして、まったく政治権力が弱くなってしまいます。

中西　逆に、私の日本文明史観からいうと、天皇というものが本来の姿を現わし、歴史の中心に位置するようになるのは、日本の国が対外的に緊張していて外の世界と鋭く張り合っているときです。少なくとも、文化的・精神的に外国と張り合うことによって、はじめて天皇制に活力と生命力がよみがえるのです。

西尾　それがなくなってしまったのが、この長い時代です。

中西　そのあいだに、摂関《せっかん》政治から、院政から、幕府から、天皇という存在を覆い隠すものが次々と出てくるわけです。そして戦後の象徴天皇制は、まさに鎖国期の再来ということでしょ。外国とはまったく張り合わないんだもの。国じゅうが丸ごと全部、アメリカの保育器の中に入っているのですから。

西尾　昭和天皇がそれを求めましたしね。

中西　昭和天皇が戦後、連合国の占領が終わっても、引きつづき米軍の駐留を求め、日本に軍隊をつくる必要がないよう、吉田茂《よしだしげる》らにお求めになりましたね。

西尾　日本の軍隊ではだめだと。

中西　二・二六事件の再発などを恐れられたのか。あるいは、アメリカのほうが皇室を守ってくれるからでしょうか。

西尾　こんな矛盾はないよね。

中西　本来はむしろ外国のほうに用心して、心理的にはつねに張り合わなければならない。ところがその外国に、保護を求められたということでしょうか。

西尾　いまの陛下も、その意識は強いね。

中西　対米観ということでは、戦後の昭和天皇と今上陛下、そして皇太子殿下は、同じ姿勢のように拝察します。象徴天皇制と憲法九条は、とても親和性を持っていますから。ただ、文明史的に言えば、文化的・精神的に外国と張り合うことによってはじめて、どの国の君主制も活力を保ってきたことを考えれば、これは何とも難しい話ですね。

「倭《わ》の五王」や聖徳太子《しょうとくたいし》、後醍醐《ごだいご》天皇、明治天皇という具合に、中国や欧米列強と張り合っているときの日本の天皇制に、なぜあれほど活力があって、文化的にも生命力が横溢《おういつ》していたのか。たとえば、そういう時代に書かれた『古事記《こじき》』『日本書紀』や『太平記』が、何百年たって明治・大正になっても日本人の人気を集めてきたのか。平安後期に六国史《りっこくし》が書きつづられなくなったのも、私の考えでは、外国と張り合わなくなったからです。

柏原　張り合わなくてもよくなって、国史の編纂《へんさん》は終わってしまうわけですね。

中西　国史の編纂が終わるということは、そこでいったん、本来の天皇制が修史的・文化的な意味で終わったということです。このときも、本来の古代天皇制は終わった。平安後期には、文化面でも外と張り合っていないから、院政から源平《げんぺい》の内乱、そして鎌倉開幕へと国内秩序は乱れつづける。

これはヨーロッパ史を見れば、すぐわかる話です。精神的に外国と張り合っているときには、場合によると対外戦争を繰りかえしている国が、なぜか必ず文化的にも活力ある文明を築いている。

西尾　日本文化論の根底にあるのは、鎖国だと思っています。鎖国というか、鎖国意識でしょうか。これは、「戦わなくていい」ということです。

中西　そうなると、とたんに天皇制も変質します。

西尾　変質してしまった。

中西　文化的にも明治までの九百年くらいでしょうか、八百年くらいでしょうか。この間の日本の天皇制は、建武中興期《けんむちゅうこう》（一三三三−三六）を除けば、歴史の脇役に押しやられ、文化的にも有職故実《ゆうそくこじつ》みたいなものが、皇室というか御所の狭い範囲、閉じられた世界で、公家《くげ》とか、ごく少数の集団が、家元相続みたいに細々と相続するだけになりました。『万葉集』の時代のように、国民こぞって、大王《おおきみ》のもとに日本の心を歌いあげるような国民的な文化運動は何ひとつ起こっていません。

小国が善で、大国は悪

柏原　少し話を戻しますが、国際連盟の果たした役割とはいかなるものだったのでしょうか。西尾先生、この点に関してはいかがですか。

西尾　第一次世界大戦後に、アメリカは国際連盟の設立を言いだして、同時に「民族自決」ということも言いだした。ウッドロウ・ウィルソン大統領です。しかし、これは非常な矛盾です。国際連盟はとりあえずインターナショナリズムですが、「民族自決」はれっきとしたナショナリズムです。ウィルソンは、インターナショナリズムとナショナリズムの共存をまったく矛盾として意識していなかったのではないかと思われます。

というのは、小国のナショナリズムは無害だと信じていた。たとえば、ルーマニアやチェコスロバキアなど小国のナショナリズムであれば無害で、したがってこれは善である。一方で、大国のナショナリズム、たとえば、ドイツのそれは有害である。だから、悪である。それから少し時間を置いて、大国だった大日本帝国も、この理論で悪と認定されてしまったわけです。

これを裁くのが、権威あるインターナショナルな超国家的機関、すなわち「人類の名」において持ちだされる「差別戦争観」ですよ。その差別戦争観の作用によって、平和は維持できると。

さしあたり悪の代表は、ドイツである。しかし、国際連盟には、独自の軍事力もなければ、制裁手段もない。そんなものではとうてい平和は守れないというのが、ドイツの復活と復讐を恐れたフランスやイギリス、ベルギーなどの考え方です。フランスはクレマンソーが激しく反論して、伝統的な同盟による勢力均衡バランス政策が正しいと言いつづけたゆえんです。

ところが、実際に歴史が展開しはじめてみると、アメリカは国内事情から国際連盟に加盟しなかった。フランスはいちばん反対していたくせに、国際連盟を最大限に利用した。おかしな結果が展開されます。

つまり、自国の安全保障とあれば、各国は国際連盟を徹底して利用しただけだった。それでヨーロッパ全体の平和には結びつかなかったという、まことに皮肉な結果となってしまったのです。ウィルソンの頭の中は、私に言わせれば、小学校の「学級民主主義」みたいなものでしょうね。「小国が善で、大国が悪」だなんて、いつ誰が決めたのか。

「民族自決」は、しばしば危険なナショナリズムにおちいる。たとえば、当時のポーランドがそうでした。ドイツともロシアともぶつかってしまう。小国のナショナリズムがつねに善とは限らない。それがやがてポーランドの分割という災《わざわ》いをまねく。

小さなものは無害でそれゆえに善であり、大きなものはともかく有害になるのでそれゆえに悪である――この単純図式は、日本の戦後民主主義の典型的な思考となって継承されますが、小さなもの、無害なものにもエゴイズムがあり、小も必ず大になろうとするわけですから、それは「小のエゴイズム」です。

国際連盟のようなインターナショナルな機関に、正義と不正の尺度を与えたことで、自らが「司令塔以上の存在」になろうとするのも当然でしょう。インターナショナルな機関は、しだいに恐ろしい、危険な性格を帯びはじめてくる。人間が神の位置に立とうとするのですから、当然そうなります。それが第二次世界大戦を引き起こす。

たとえば、第一次世界大戦後の不戦条約が第二次世界大戦を引き起こしたのではないかと。そういうことを言ったら叱られるけれども、考えようによればそうなんです。

中西　それは間違いなく言えると思います。不戦条約そのものは人畜無害なものでしたが、それをアメリカのように権力政治の道具にし、「懲罰」と称して特定の外国への経済制裁や武力行使の口実にしたことが、グローバルに第二次世界大戦を引き起こしましたから。

アメリカが中心になって唱えた戦間期のインターナショナリズムについて、しっかり押さえておかなければいけないのは、そもそもウィルソンが国際連盟を発案し、しかもそれとは矛盾するはずの「民族自決」というスローガンを持ちだしてくるのは、この構想が誕生し、推進されていく現実の歴史過程をつぶさに見ていくと、アメリカがヨーロッパに参戦するにあたって、戦後秩序の創設と称しつつ、アメリカの経済的・政治的な世界覇権を確立するという大きな国家戦略からだったということです。具体的には、イギリスを引きこんで、ロシアを抑えつつ、ドイツに対する包囲網をつくる上で、国際連盟を始めとするヴェルサイユ＝ワシントン体制の国際主義は、たいへん効果的なスローガンだったからです。これが正確な因果関係であって、けっしてその逆ではありません。

このウィルソン政権とイギリスの一部の親米派の世界戦略の目標追求のためにはまず、東ヨーロッパに多くの小さな独立国をつくって、これを英米の傀儡《かいらい》国家にしてドイツを包囲する。返す刀で、ソビエトからヨーロッパを守る。共産ロシアからの「防疫線《ぼうえきせん》」という発想ですね。防疫線は、少し後の時期にシティやウォール街に近いイギリスやフランスの政治家がつくった言葉ですが、共産主義やロシアの膨張主義を「疫病」にたとえて、それを防ぐ線をつくる。中・東欧にある「英米の傀儡国家」によって遮断できるという発想です。

当然それは、ライン川からだけでなく、「東欧からもドイツを挟みこんで包囲しておく」という隠された目的にも役立ちます。立ち割って言えば、英欧にとって国際連盟はこの戦略システムを守るための道具だったといってもよい。

ポーランドという国が危険なのは、つねに「後ろに欧米など大国がいて助けに来てくれる」という思惑《おもわく》から、独露などの大国に強く出ようとすることです。国力ではとても小国なのに、ドイツやロシアに強く対抗して彼らと戦争になっても、「必ずイギリスやフランス、やがてアメリカなどが助けに来てくれる——実はいつも裏切られるのに——」と信じこんで、はねあがる。これがいつもポーランドが戦争の原因になってきた大きなロジック、メカニズムです。

パックス・アメリカーナの始まり

中西　ウィルソンやハウス大佐など彼の側近アドバイザーたちの思惑の中心にあったのは、ドイツ帝国、オーストリア帝国を解体し、中・東欧に多くの小国をつくることで、「アングロ・スフィアー」(米英の実質的勢力圏)を「東方拡大」すること。ロシア帝国はすでに解体を始めていたから、レーニンの共産政権を倒せば、八十年後の冷戦終焉後にブッシュ(父)政権が打ちだしたような「サンフランシスコから(東回りで)ウラジオストックまで」をアングロ・スフィアーにするという、「アメリカの夢」を実現しようとした。実はアメリカは、ウィルソンの時代から、このアメリカの伝統的なグローバル覇権の戦略を追求してきたわけです。

そして、中東に米英の覇権を築こうとする。百年前は、その目的でオスマン帝国の解体をやったのですね。そして百年後は、ソ連を倒した後、同じ目的で湾岸戦争とイラク戦争をし、さらにいま、イランをつぶそうとしています。

こういうふうに各地で自生していた秩序を解体した後に実現するのは、アメリカの覇権です。ウィルソンは、セオドア・ルーズベルト、フランクリン・ルーズベルト、「二人のルーズベルト」のあいだにうまく入っているでしょ。この三人が、パックス・アメリカーナの建設者です。

ウィルソンはたしかに、アメリカを国際連盟に加盟させることには失敗しました。しかし結果として、ヨーロッパに混沌《こんとん》をもたらすことに成功したんです。いまも同じですが、アメリカの世界覇権は、ヨーロッパや東アジアで、域内国どうしの対立・不和があることによって支えられているからです。ウィルソンは、「民族自決」を持ちだした結果として、ヨーロッパを不安定にし、あわせてドイツとロシアの力を削《そ》ぐ目的を果たした。こうした観点から、いまこそウィルソン外交を再検証することがとても大切なんです。そして、後もこうしたアメリカの隠れた覇権戦略は一貫して進行していったのです。

アメリカ人の歴史家によって、「ウィルソン以後、戦間期のアメリカは孤立主義に戻って、同時期のヨーロッパや世界にほとんど関与していなかった」とわれわれは教えられましたが、よくよく調べてみると、そうではない。

西尾　いやいや、アメリカがいちばん、一貫して関与していた。

中西　そのとおりです。英仏など旧連合国からは厳しく戦争中の貸し金を取り立てる一方、ドーズ案・ヤング案などをつくってドイツの賠償金を大幅に減額してやり、それらの国内にアメリカのマーケットを確保して、まず世界的な金融覇権の大きな足場を築いていった。しかも外交的には「英仏 対 ドイツ」の分断を着々と進めていた。

イギリスは少し違いますが、当時のフランスやドイツ、イタリア、中部ヨーロッパ、東欧には、ほとんどみんなアメリカ大企業が一挙に進出していった。アメリカのGE（ゼネラル・エレクトリック社）とか、ああいう企業がみんなヨーロッパに進出して大成長するのは、この戦間期の一九二〇年代です。

結局、アメリカの過剰な生産力の捌《は》け口としてのヨーロッパ市場を確保すること。そのためには、各国の政権内部に対立と分裂の種をまいておく。ウィルソンは、このアメリカの覇権戦略の道路をつくり、大恐慌までの共和党政権はそれを忠実に実行して大成功しています。実際、一九二〇年代のアメリカは、未曾有《みぞう》の繁栄を享受し、GDPを十年間でおよそ三倍にした。

このアメリカ経済の大成長は、ひとつには、アメリカ産業にとってヨーロッパ市場がまったく自由になった。つまり、ヨーロッパが第一次世界大戦によって荒廃したことで、アメリカが牛耳れるマーケットになった。もうひとつは、大戦後も各国が対立を続けたので、国際連盟に入っていないアメリカが「審判役」としてその独自の発言権をさらに大きくしたことです。

西尾　とにかく、アメリカが得ばかりしたわけだ。

中西　話は若干さかのぼりますが、この「アメリカの夢」つまり二十世紀アメリカの一大国策であったこの世界覇権主義は、はっきり意識された国家目標としてセオドア・ルーズベルトに始まったといっていいでしょ。

アメリカのその後の指導者は、民主・共和を問わず、また意識するとしないとにかかわらず、この路線にそって、パックス・アメリカーナ戦略つまり世界覇権を打ち立てるために一貫して行動してきた。とりわけ最もアグレッシブに世界覇権確立をめざしたのが、フランクリン・ルーズベルトでした。戦後、思いがけずソ連との冷戦が始まったが、アメリカのこのグローバル覇権路線はケネディから、ニクソン、レーガン、ブッシュ父子と、連綿と拡大しつづけた。そして冷戦後のアメリカは、こういう系譜を経て世界覇権を立ちあげたのです。その大きな端緒《たんしょ》となったのが、一九二〇年代のヨーロッパと極東であったといえます。

トランプの「グレート」が示すもの

西尾　トランプが「アメリカ・ファースト」と声高《こわだか》に言うとき、それは「アメリカのエゴイズムを優先する」という意味です。「小のエゴイズム」ならまだしも、大国が「民族自決」をやるっていうんですから。

ここで自国の欲望も最小限にしてというならわかるんですが、実際はそうではないんです。彼の言動の、あのたたずまいを見れば、アメリカ帝国の復活と言っておきながら、表向きやろうとしていることは、ちっぽけで、けちくさいエゴイズムをむき出しにすることに外《ほか》ならない。あのタイプだから、世界帝国主義の覇権をねらうアメリカの習性が、この大統領にも現われるに決まっていると思うんだけど。この矛盾を、彼はどうやって解決するのだろうかということだね。

中西　もちろんトランプにも、ビルトインされているでしょう。トランプが言う「メイク・アメリカ・グレート・アゲイン」のいちばん大事なポイントは、「グレート」の意味です。

西尾　それはきっと「昔流」だよ。

中西　そう。彼の頭は完全な昔流で、どうしようもない。この「グレート」は単に強大という意味しかなく、何ら道徳的・理念的な意味を含んでいない。

西尾　国民もそうなんですよ。

中西　ただ、アメリカ人が「グレート」という言葉をこうした国家としての立ち位置ということで使う場合、一八九六年の大統領選挙が念頭に浮かびます。いまから百二十年前です。

西尾　誰ですか。

中西　このとき、大統領の座を争ったのは、金融資本主義の代弁者となった共和党候補のウィリアム・マッキンリーと、農民労働者の広い支持を受けたウィリアム・ジェニングズ・ブライアンという民主党候補による選挙。このブライアンは、まったくの古典的な孤立主義者でした。そして、選挙に勝ったのは、海外膨張と帝国主義を熱心に説く共和党のマッキンリーでした。あくまでアメリカ国内に足を置く、つまり独立自営農民の共和国という古いアメリカが、ここで死んで、国際金融と世界覇権を志向するグローバリズムのアメリカが始まる。

西尾　アメリカ帝国主義はマッキンリーから始まるでしょ。

中西　そう、このマッキンリーから始まります。ところが、「アメリカはグレート・ネーションだ、グレート・カントリーだ」と言ったのは、むしろ対立候補のブライアンでした。

ブライアンは孤立主義者ですから、ここで彼が言う「グレート」は、アメリカが北米大陸に、いわゆる「ピルグリム・ファーザーズ以来のシャイニング・シティ・オン・ザ・ヒル——丘の上の輝ける町を建設するんだ。そして、孤高の存在として世界の道徳的モデルになり、対外膨張の道は歩まないんだ」というアメリカ民主主義の古典的理想をかかげた。けっして海外に関与して圧制を世界に広げることなく、アメリカは「ただアメリカ大陸に存在するだけ」で、みんなが自発的に「アメリカのような国になりたい」と思うような道徳性の高さを取り戻そうと呼びかけたのです。

国家が対外介入すれば、必ず道徳性を失い、堕落する。これはジョージ・ワシントン以来の孤立主義の根本思想です。ちなみに、「孤立主義」というのは悪い響きのある言葉で、一九三〇年代に対外介入主義者が論敵をけなすためにつくった言葉です。いずれにせよ、この理想の維持を争点にしてブライアンは選挙を戦うのです。これは、非常に歴史的なパラダイムの衝突でした。

トランプの「メイク・アメリカ・グレート・アゲイン」という言葉を聞いたときに一瞬、私が思ったのは、十九世紀末にブライアンが言った「グレート」でした。「これからは世界から引きあげて、北米大陸に盤踞《ばんきょ》しようと。そのほうがグレートだ」と。あの古いアメリカ英語の語感が戻ってきているのかなと思ったわけです。もちろん、トランプみたいな奴が、そんなことを言うなんておかしいな、とも思いましたが。

西尾　それならまだいいけれども、あの調子だと、やはり北米大陸以外の他国にも干渉するのではないですか。

中西　まったくそのとおりです。そもそも彼自身のパーソナリティからいって、道徳性などまったく関心はないでしょうから、その介入のしかたもひどいものになって、むしろ、無計画に対外介入を広げ、世界を走り回ることになるでしょう。

ただ、相対的には二十世紀後半と比べ、いまのアメリカの地政学的な国力、世界覇権国としての余力は、低落の一途です。第一次世界大戦後からずっと世界の中で相対的に高まっていった、アメリカの国力のピークは、一九五〇年代、六〇年代で終わっており、これを境にずっと落ちてきています。マクロで見ると、ここのところは、どうあがいても挽回できていないのです。

西尾　もう、しょうがないですよ。アメリカは間違いなく峠を越している。

中西　いわゆる「大国の衰退」にはいろいろなカーブの描き方がありますが、ポール・ケネディの『大国の興亡』などに出てくるような、いちばんよく知られたカーブでいまのアメリカの国力を見ると、一九二〇年代と同じレベルです。つまり、「アメリカは百年前の水準にすっかり落ちてきている」ということです。

四章　日本が取り戻すべき大義

あの戦争に大義はあったか

中西　この対談の機会に、あの戦争に関する同時代的な意識について、あえて西尾先生にひとつ質問をさせていただきます。私の知るかぎり、イギリスやアメリカの学生や知識人の意識は、自ら進んで「積極的に戦争に関わりたい」と思った人の比率は、日本人よりもはるかに高かったように思います。彼らのほうが、実際にその姿勢も非常に強かったように思います。

そこにあったのは、彼らにとって「この戦争は絶対に正しい戦争だ」という確信です。例の「卑怯《ひきょう》な真珠湾奇襲」というルーズベルトのプロパガンダに乗せられたアメリカ人だけでなく、イギリス人でも、「これは挑まれた戦争だ、祖国防衛戦だ」というはっきりとした認識を持っていた。

西尾　日本だって、持てたはずですよ。

中西　そうですか。それをお聞きしたかったのです。たとえば、シナ事変はいかがですか。シナ事変は「間違った戦争」という考え方が、言わず語らず、日本人のあいだには広くありました。「こんな泥沼のバカな戦争をなぜやっているのか、いい加減にしろ」と、そう思っていたら、今度はもっと大きな米英を相手に戦争をし出した。

日米開戦の日、多くの日本人はこれで、「日本は大変なことになるぞ。いよいよ勝つ見込みがないから」と、悲壮な思いに奮い起《た》ちましたが、これはけっして戦後の反戦平和史観ではなく、当時の史料を調べても明らかに思えます。そして感性の鋭い日本人は、この悲劇性を、シナ事変中から直観的に予想していたのではないのですか。

西尾　それは、少し違うんじゃないかな。

中西　わかりやすい例で言えば、例の国民歌「海ゆかば」が生まれ、人々に歌われるようになったのは、シナ事変の初期なのです。あれはどう聞いても、玉砕《ぎょくさい》の歌ですよ。「この事変は何か変だぞ。おかしなことにならないとよいが……」と、日本人の感性は知っていたのだ、と思いますね。西尾先生はその時代、ご存命でしたから、おそらく同時代の意識をご存じでは。

西尾　いや、私は同時代ではありません。ずっと子供でした。終戦のとき、まだ小学校四年生です。

中西　われわれ戦後生まれにとっては、当時の日本人の感性など、宇宙のかなたの話のようで想像することができません。おそらくわれわれよりは、その意味ずっと感性的に近いところにいらっしゃったと思いますが。

西尾　いったん始まった戦争は、刀の鞘《さや》を抜いたら戻らないのと同じで、ある段階から峠を越えれば国民皆兵《こくみんかいへい》、誰もみな同じ運命に殉《じゅん》ずる以外にないと。そして、「それが正しいんだ」という認識はありました。ただ、うちの父は戦争にネガティブでしたよ。

中西 そうでしょうね。

西尾 ネガティブだったけれども、私にもしみじみと、「お前、科学者になるのも大切な道なんだよ。特攻隊になるだけがいいんじゃないよ」と、そっと言葉を抑えて言っていましたよ。ずけずけ言ったら子供の私が反発してしまうから。

中西 亡くなった阿川弘之《あがわひろゆき》さんに聞いた話ですが、阿川さんは十二月八日のあのラジオ放送を朝、ふとんの中で聞いた。東大の文学部の二年生くらいでしょうか。二十歳そこらでお聞きになられたのかな。

そのときに、「これは大変なことになった」と。自分はちょうど徴兵年齢、おそらくもう生きては帰れない、ということを強く実感したという。そのとき、下宿先の小さな子供さんが部屋に入ってきたそうですが、阿川さんは思わずその子供を抱きしめて震えながら、「坊や、頑張ろうな、頑張ろうな」と叫んでいたそうですが、阿川さんは「おそらく自分は顔面蒼白《そうはく》になって子供に抱きついていたんだろう」とおっしゃっていました。

西尾 それは年齢が違うからね。八、九つと二十歳では。

中西 そうでしょうね。開戦の日にそれだけの悲劇性を見てとって、そのうえで阿川さんは、召集《しょうしゅう》か志願かわかりませんが海軍に入られたわけでしょ。

西尾　でも、「正しい戦争」ということははっきりしていたはずですよ。

中西　そう。対米戦争は「とうてい勝てない」とわかっていても、その正しさはみな、確信していたと思います。しかし、シナ事変は違った。ただ日本人の感性だけは、昭和十二年に、すでに昭和二十年八月まで見通していたのでは、と思うのです。

柏原　戦争が終わってからも、東南アジアに残って、そこの独立のために戦われた方が非常に多いですね。

西尾　三千人。

柏原　ベトナムがそうですし、インドネシアもそうです。

西尾　日本には、末端の民衆にまで、その思想があったからです。

中西　最近、新しい資料が出て、ベトナムに昭和二十年以後も現地に残って、ベトミンと一緒にフランス軍やイギリス軍と戦った日本兵の数が、実は言われていたより二ケタも多かったんです。そういう例を見ると、エリートではなく、庶民兵士のレベルでは「正しい戦争」というか、「大東亜聖戦論」が定着していなければ、そんな数の人が居残るはずはなかったと思います。

しかし、学生や知識人となると、米英人のほうがずっと「聖戦」への確信を持っていた。

それは実証可能な事実です。このことをいったい、どう考えればよいのか。あの戦争を考えるとき、たいへん大事なテーマだと思います。

西尾　いま、いきなり冒頭で新しいテーマをぶつけられたので、どう答えてよいかわからずに子供時代のことを思いだしたりしてしまいましたが、私も同様の問題認識をかねてより抱いていましたので、少し付け加えさせてもらいます。

日本のインテリ知識層は、なぜ行動的ではないのか。なぜ戦おうとしないのか。しばしば、いまでも戦争を回顧した映像シーンの中で、神宮外苑《じんぐうがいえん》における学徒動員の雨の中の行進を見ることが少なくありません。「学徒動員は悲劇であった」と、ことごとに言いますが、悲劇は学生だけだったのでしょうか。名もない田舎の青年には悲劇はなかったのでしょうか。そもそも日本の学者や学生たちは、本気で戦争に直面したのでしょうか。正面から時代の問題と取り組んだのでしょうか。旧制高校や旧制大学の教師たちは何をしていたのでしょうか。日本の高等教育には戦争を研究する学問がなく、戦時国際法や軍事史や地政学の講座すら開かれていませんでした。

ひるがえって英米の知識人は進んで国家情報の研究をし、すなわちスパイですね、それが進んでいました。なかでもイギリスでは、最高の業績を達成したスパイには爵位さえ与えられました。国家というものが、つねに先にあったのです。

日本では戦後、「なぜ若者は戦争で死ぬ覚悟ができたのか」という謎に向かっては、いろいろな角度から考察されましたが、「なぜ若者は本気で戦う覚悟ができなかったのか」を問う問題設定は、ほとんどされませんでした。戦うというのは、いたずらに死ぬことではなくて、国家戦略を考え、構造的、組織的、計画的に他者と対面することですが、それはかつてもできていないし、いまもまったくできていないのです。

中西先生がいま提出された問いはそのことだと思うのですが、私も同じような認識を抱きつつ、同じように考えあぐねています。

ただこのテーマは、プロテスタントの信仰の問題にも関係してくるように思われるので、後でもう一度、取りあげさせてもらいます。

戦争のやり方を知らないから、戦争責任を負わされる

西尾　われわれの話題を再び、第一次世界大戦以後の流れに戻して考察を進めたいと思います。

われわれにとって、日清戦争、日露戦争、第一次世界大戦、第二次世界大戦と全部、道義

の戦争、道徳的戦争でした。「悪の戦争」をしたという意識はまったく国民の中になかった。戦争というものは、それまで賠償金や領土の割譲でカタがつくものだと欧米から教えられて、一方で精神的には武士道で戦ったのであって、戦った人間が犯罪者であるとか、負けた国民が罪の民であるとか、そういうことは日本人は考えたことも、もちろんなかった。

中西　それはなかったでしょうね。

西尾　日清、日露、第一次世界大戦においてもそう、第二次世界大戦においてもそうだった。罪の意識や戦争責任という言葉は、第二次世界大戦以降にはじめて出てきたもので、そこまでないんです。

中西　まったく、そのとおりです。

西尾　なかったわけですが、言ってみれば、賠償金や領土の問題で解決するのが民事裁判だとすると、刑事裁判に当たりますね……。

中西　東京裁判などはね。

西尾　戦争責任というのは……。あるいは、十九世紀ヨーロッパ文明の文脈においては、戦争はどこの国にも権利としてあったのだと。限定的な範囲で戦って、相手を徹底的に攻めつけたり、懲らしめたり、相手に犯罪者の烙印《らくいん》を押してまで戦うことはしないと。いわばルールを持った戦争で、だからハーグ陸戦法規やジュネーブ条約が生まれる。戦争は、いわば決闘に近いものになっていた。日本は国際ルールを守る優等生であろうとした。

それが明治からの日本の戦争観だったのですが、第二次世界大戦が終わってから突然、「戦争責任者」という概念が出てきて、はじめて聞く言葉で、びっくりした——そういうことだったのではないでしょうか。

しかし、刑法を押し立ててくる当時の連合国の考え方は、実は第一次世界大戦にすでに始まっていたのです。われわれは第二次世界大戦しか経験がないけれども、ドイツは第一次世界大戦が終わったときにヴィルヘルム皇帝が戦争犯罪者として摘発され、皇帝はオランダへ逃げています。戦争責任を問われた。

さらに九百人もの「戦犯」が名指しされています。しかし、ドイツはまだしっかりしていたので、拒絶してしまいます。すべて無罪、あるいは公判中止のかたちで、第一次世界大戦においては全部チャラにしてしまいます。

中西　それらは「ライプチヒ裁判」と呼ばれています。

西尾　日本もそれでよかったはずだ。第二次世界大戦後も、それで通してよかったはずです。というのは、あの当時、ドイツと違って、日本はサンフランシスコ講和条約が発効する昭和二十七年まで戦前の日本が残っていました。大日本帝国が残っていたのです。

一方、第二次世界大戦のドイツでは、ヒトラーが自殺したとたんに国家がなくなってしまいますが、第一次世界大戦終了のときは国家があったんです。だから、ライプチヒ裁判をチャラにすることもできた。

日本は、第一次世界大戦後のドイツと同じ対応をするならば、それができたのに、B、C級戦犯などということまで行なわれた。田舎に帰っていた元将兵までが引っぱりだされて、即死刑になるというとんでもないことが起こるわけです。

つまり、戦争責任という概念が突然出てきたわけではなくて、第一次世界大戦においてイギリスなどヨーロッパの大国が中心になって国際社会でそれを築きあげて、いくつかの規定がつくられます。これは、戦争責任は国際社会の司法で行なう、命令を下した上官だけではなくて部下の責任をも問う、などです。

中西　個人としてね。

西尾　残虐性をともなうものは個人の罪とするなどの概念は、第一次世界大戦のときに出てきていて、そっくりニュルンベルク裁判、東京裁判に引き継がれているのです。

中西　そのとおりです。

西尾　戦争に道徳上の罪を与える。道徳的裁きが行なわれるということを、戦後日本人がはじめて背負わされたけれども、対ドイツでは一九一八年に起きていた出来事です。二つの世界大戦は日本人には全然別のものとして意識されているのに、英米仏あたりでは、ひとつながりのものとして扱われ、認識されている。

このことは日本の不運というか、それに気がつかない日本のうかつさというか。側杖《そばづえ》を食らわされたことに、もっと早く気がつかなければいけないのに、開戦時においてもまったく気がつかなかった。戦後もずーっと気がつかなかった。これはものすごい大きな問題だと思います。

中西　それは、先ほど、昭和の大戦中の日本人が、英米の知識人や学生に比べれば積極的に戦争に関わりがなかったのではないかと申しましたが、実はそれは、この問題とも関わってくる話です。

どういうことかと言うと、戦争中の行為じたいは、けっして罪があるとか、道徳的に責められるべきとか、そういう話ではないけれども、国家としての日本、つまり日本の政府や軍部は、外交や戦争というものの運営、マネジメントが近代国家として考えられないほど、ものすごく拙《つたな》い。大正や昭和の日本は、そういう外交や戦争をときどきやるんです。これは戦争だけでなく、外交や行政の体系的・戦略的な営みすべてにいえることですが。

西尾　つねに日本は拙いですよ。いまの豊洲《とよす》を見ればわかりますよ。あの都庁の役人どもが戦争の当事者だったと考えてください。ゾッとします。

中西　まったくそうです。大正期のシベリア出兵、昭和期のシナ事変という「泥沼化」の二つの例は、当時の日本人でさえ「政府は何をやっているんだ。日本はあまりにバカだ、あんなバカな戦争に行くのは嫌だ、一日も早く、抜け出してでも帰りたいよ」と。

シナ事変は昭和に入ってからのものですから、そこまでの劣悪な士気にはならなかったけれども、シベリア出兵のときは脱走兵や軍規違反者がものすごく多かった。国民から見て、「戦いの正義」が疑わしかったからでしょう。要するに、外交と戦争のやり方がとてつもなく拙いからです。

ところが日米戦争になると、脱走や軍規違反が激減し、内地の犯罪も減ったという。日本人の魂が奮い起ったからでしょう。

日本の上層部の無能な国策運営や戦争遂行能力の低さが、戦場での軍規の乱れや「捕虜虐待」などの不祥事を生むのであって、シベリア出兵やシナ事変の遂行のまずさもそこはバカ正直に記録していて——ふつうの国ならまず記録に残さないことも——、そうやって残しておくから、それが敗戦後の日本人に戦争への罪悪感を持たせるために利用される。ここも、GHQに付けこまれた大きな理由です。つまり、「太平洋戦争史」や……何とか箱。それがいま日本に対する、いわゆる歴史戦争に利用されています。

柏原　真相箱。NHKラジオがGHQの指示によって行なった宣伝番組ですね。

中西　そう。ああいうもので、ＧＨＱが日本に来て、さまざまなプロパガンダをやった。残虐事件に加えて、「日本がいかに拙い戦争をやったか。君たち国民もその被害者になって大変な目にあったんだろう」と。日本人の戦後の自虐史観は、ここから始まります。

これは、アメリカの対日戦争の大戦略の一環で、占領前から綿密かつ体系的に練られたプロパガンダ作戦でもあったのです。ブッシュ政権がイラク戦争後の占領行政を考えるとき、最初に考えたプロパガンダ戦略も、大成功した日本占領がモデルでした。

西尾　でも、イラク人は全員がだまされなかったから、一部がＩＳになって出てくるじゃないですか。

中西　日本人のような洗脳しやすい民族は地球上まず、いません。しかしアメリカは、日本占領で大成功したので、外国を占領したら、つねに同じことをやろうとした。イラクでは失敗したけど、アメリカは同じことを今後も繰りかえしますよ。

西尾　フィリピンだってそうだ。ドゥテルテ大統領を見ると。

中西　そうです。ただ他の国では、そう簡単にはいきません。しかし日本人には、何か付けこまれるようなところがあって、もっとうまい敗戦後の「戦争のやり方」を身につけないと、つねに歴史の責任を負わされてしまう。

利敵行為を責めない日本人

西尾　私が「GHQ焚書《ふんしょ》」をずっと調べていて、いちばん心外だったことを言いますとね。これこれの本を没収するが、没収されたことを口外してはいけないと言われていて、実はそのことに何の罰則もないのに、「焚書」をやっている本屋も、官僚も、警察も口外してはいけないと言われると、「はー」とそれっきりになってしまうことなんです。

中西　検閲もそうですね。新聞や雑誌だけでなく、当時、日本人が日本人の手紙を開封して検閲していたでしょ。

西尾　でも、あれも罰則はないんです。

中西　罰則はないのに、占領が終わっても、日本人はなぜしゃべらないのか。いつまでたっても、「いまも、目に見えないアメリカの占領が続いているのでは」と、思っていたからでしょうか。

西尾　検閲していた役人に向かって、国民がこぞって「お前、なぜそんなことをやってるんだ」と抗議しなかった。

中西　外国占領軍への積極的協力は、どこの国の常識でも「民族としての裏切り者」ということになるから、せめて占領終結後にでも、なぜそうやって槍玉《やりだま》に上げなかったのですかね。

西尾　いまとなっては間に合いませんけどね。

中西　私は昭和二十二年の生まれですから、占領期の話はほとんど覚えていません。西尾先生のシナ事変期と同じくらいの年齢でしたから。

でも、高校生のころ、そうした対米協力者の話をはじめて聞いたとき、なぜ同胞を裏切ってアメリカ軍に協力した日本人をみんなで痛めつけないんだと。他の国では、みなそうしているから、とても不思議に思いました。

昭和二十七年まで占領下にあるのだから、形の上ではまだアメリカは敵国でしょ。自国を占領した敵国に協力したら、フランスだったらコラボラトゥール（通敵者）です。戦後、敵国将兵と通じた女性は、みんな頭を丸刈りにされた。占領が終わった後、昭和三十年代、四十年代になっても、占領協力者に対する追及を一切しなかったのは日本だけではないですか。

西尾　私がその後、『GHQ焚書図書開封』の最初の巻で、図書没収に直接関わった実行犯として東大文学部の助教授（当時）の名前を二人、出したんですがね。尾高邦雄《おだかくにお》と金子《かねこ》武《たけ》蔵《ぞう》の二人です。みんな知っている有名な知識人なのだから、もっと大騒ぎになるべきです。だけど、誰も何も言わない。産経新聞の記者石川水《いしかわみず》穂《ほ》氏が、「こういう発見があった」と一回書いてくれただけでしたよ。他はみんな口を閉ざして、なかったことにされている。

中西　それは中国で言えば、漢奸《かんかん》でしょ。「日奸」とでも言うのかな。

西尾　それが、わが国民のわからないところです。

中西　日本人というのは、本当に不思議な民族ですね。あえて言うと、キッシンジャーが、「日本人は不気味なほど不可解な民族だ」と言って、日本の豹変《ひょうへん》をひどく恐れるのも、少しはわかる気がします。ここは、日本という国の文明史的な本質に関わる話でもありますね。

西尾　もうひとつ、台湾の蔣介石による白色テロ。

中西　一九四七年の二・二八事件ですか。

西尾　台湾に前からいた本省人《ほんしょうじん》は、蔣介石とともに入ってきた外省人《がいしょうじん》の軍隊によって、大きな迫害を受けた。その後、李登輝《りとうき》が出てきて何でもしゃべれるようになりましたが、それなのに本省人が外省人を裁きにかけることはしなかった。被迫害者が反乱を起こすとか、迫害者を摘発するとか一切しない。恐怖の沈黙が続いて、その後、うやむやになってわからないまま。台湾も、日本も、やはり似ているのではないですか。島国根性というか、アジア的情緒的体質というか、未開文明の非社会性というか、これもさっぱりわからない。

中西　本省人の側に、外省人との血で血を洗う対立を引き起こすのを避けようという配慮があったのでしょうかね。しかし、抽象概念に対する拘泥《こうでい》のなさという点で、日本人と台湾人はたしかに似ている。

西尾　他の国、とくにこれがヨーロッパだったらありえないですね。

中西　現に、韓国人はいつまでも日本の統治に協力した人の子孫を「親日派」と称して迫害しつづけている。中国だって、東南アジアだって、インドだって、もちろんイスラム圏でも、日本人のような対応をするとは絶対に考えられない。ラテンアメリカでも、ずっと通敵者を告発しつづける。とくにメキシコ人には、いまもアメリカに協力したメキシコ人に対して絶対に許さないという気持ちは強くあるそうです。メキシコは、カリフォルニアをはじめ広大な領土をアメリカに奪われたのですが、この百七十年前の米墨《べいぼく》戦争での「通敵メキシコ人」に対する告発は続いている。

ところが、そういうものが、われわれだけにないことが、いまだに日本の「戦争罪責」を世界から追及されていることと無関係ではないと思います。

西尾　いつまでも解決しない。根が日本にある。

中西　彼らがいくら「日本の罪」を追撃しても、日本からは絶対に向かってはこない。それをわかっているから、やられるのではないですか。これが、日本が中韓やアメリカなど外国から歴史戦を挑まれている大きな理由です。

つい、このあいだまで、「原爆投下でアメリカに対する批判をしてはいけない」という日本の親米派知識人が大手を振ってそう言いつづけていましたね。また、安倍首相の真珠湾訪問のようなことをするから、アメリカ人からは「日本人も、原爆と真珠湾が〝おあいこ〟でチャラにしたいと思っているのだ」などという、とんでもない誤解を生み、それをアメリカじゅうに広げてしまったのです。これは大きな禍根《かこん》を残すでしょう。

西尾　だから、戦争という概念を民事裁判と刑事裁判とで、きちんと分けて考えないといけない。領土の譲渡をしたり、賠償金を支払ったりするのは民事裁判です。一方で、戦争に刑事裁判は適用できないんですよと、知らせていかなくてはいけない。

中西　ローマ法以来、ありえない命題なんですよ、国家に対する刑事罰なんて。

西尾　それはない。国家が戦争責任を負わされることはないし、その戦争に従事した将軍たちが他国から戦争責任を負わされる理由もない。国家のために戦ったのですから。

中西　ただし敗戦指導者の自国民に対する責任、これはあります。東条英機《とうじょうひでき》自身が、日本人に対しては、「自分は万死に値する罪がある」と言っています。

西尾　いまでも、栗田健男《くりたたけお》の艦艇部隊がなぜ、作戦どおりフィリピンのレイテ湾に突入せずに引き返して逃げちゃったのかとかね、有名な「レイテ沖海戦、謎の反転」ですよ。戦後知ったわれわれには頭に来ることはいっぱいあるわけです。

中西　そうです。これは今後も何百年、追及しつづけなければいけない。

西尾　いけないいんです。

中西　百年たっても、二百年たっても、レイテ海戦の栗田の謎の反転、あれはいったい何だったのか。日本人への説明責任は残っているんですよ。

西尾　栗田中将は、戦後二十年以上もご存命だったんですね。お住まいもわかっていたんだから、行って聞くべきでした。もっと追及しないといけなかった。同様のケースは、他にもたくさんある。

中西　もっと重大な問題は、真珠湾の開戦通告の時間の遅れです。

西尾　外務省の誰それである、ということはわかっています。

中西　わかっています。だけど、外務省がいまだにそのことについて、文書も、態度も、すべてを明確にしていないでしょ。

西尾　だって、その人、偉くなっちゃったんだもの。

中西　あれは吉田茂による人事ですが、戦後の外務省とアメリカの隠微な関係の原点のひとつがここにある。あの遅延には、アメリカの作為もあったようですが、それを言うのは、いまもタブーのようです。しかし今後も、あれを問いつづけることは、日本外交をまともにする大きなきっかけになると思います。戦後日本は、この話を曖昧《あいまい》にしてしまったために、対米関係において、大きな闇をつくってしまった。外交官だけではなく軍人にしても、レイテだけでなく、フィリピン戦にしても、ミッドウェー海戦にしても、なぜあんなポカを次々とやったのか。

西尾　もう言ってもだめなんだなと国民が思ってしまうくらいだめですね。

中西　世界の戦史に例のない、あまりにひどい怠慢が多くの作戦の責任者にはある。「海軍乙事件」（連合艦隊司令長官搭乗機が墜落し、軍事機密が米軍に流出した）など、なまやさしいほうです。

しかし、これを日本人がいまも追及しつづけなければいけないのに、なぜ放っておけるのか、不思議でならない。こんなことをしていると将来、必ず同じあやまちを繰りかえすことになるでしょう。日本人というのは、あまりに淡白すぎるんでしょうか。そういう言葉でしか表現できないのが残念なのですが、ここに何かものすごく深い日本人の大問題がある。やっぱり、良くも悪くもわれわれは世界の大半の人とは根本的に違うのかもしれない。

「普遍的価値」という言葉を安易に使うな

西尾　明治以来の日本には、欧米文明を鑑《かがみ》として、それをモデルにして自分たちを文明化していく意識があったわけで、この意識が戦後も滔々《とうとう》と流れていまに至るまである。とても欧米を敵にできないという負け意識です。

大東亜戦争でアジアを解放することは、実際問題として欧米と戦うということでした。目の前まで欧米が来ていることに、呆然としたのでしょうね。日本の一国で、いまのG7の残りの国々と戦争をするようなものでしたからね。いまもできないように、かつてもできなかった。

中西　戦略次第ですね。いまの中国がやっているように、けっして心は許さずに、つまり、あくまで価値観の独自さを維持しつつ、表面はつねに友的関係を前面に出して、国力の涵養《かんよう》に努める。ちょうど明治の人々がめざしたような、〝文明開化〟を手段にした「大攘《じょう》夷《い》」こそ、日本の大戦略であるべきだと思います。

そもそも欧米的な意味の「普遍的価値を共有する」などと日本が言えば、とたんにG7以外の世界から日本は孤立して声望を失ってしまいます。世界は広いのです。そもそも、キリスト教を基礎として厳格に体系化された、彼らのいうところの「普遍的価値」なんか共有したら、日本は、政治的だけではなく精神的にも米欧の完全な植民地になってしまう。それをいまだに一国の首相が、「日米同盟は普遍的価値にもとづく」と。米中関係と意識した戦略的・政治的なプロパガンダとして言っているならわかるけれども、外務省や安倍さんは、それを必要以上に繰りかえし言うでしょ。こんなことをいくら言っても、日本の外交・安保に何の益もありません。むしろ、その危うさを知るべきです。

西尾 「日米同盟は外交の基軸」まではいいよね。それは前から言っています。

中西 それはいいです、外交戦略のひとつですから。「安保戦略の必要上」という範疇《はんちゅう》であれば、日米同盟や日米関係は誰が見ても大事です。

西尾 でも、価値という言葉をすごく簡単に使う。アメリカだけにかぎらず、「日韓も価値観をともにする」なんて、簡単に言うからね。

中西 全体主義の中国を意識した、戦略的な宣伝文句だとわかって言っているのならともかく、安倍首相らの口をついて出てくるときの安易さや不用意さは、「西側陣営」ということが強調された古い冷戦期のマンネリズムです。要するに、強い思想的な確信もないのに、目先の政治的考慮だけで言っているのです。つまるところ日本だけが、古い冷戦的な意識にとらわれているのです。

それ以外に、もしあるとすれば、「これ言っとかないと、日本が見捨てられる」というような強迫観念があって、アメリカにすがりつこうとする病的な依存心理の一面があるのかもしれない。しかし、そんなことをいくら言いつづけても、アメリカは日本を見捨てるときには、平然と見捨てるでしょう。そんな目先の外交戦術にうつつを抜かすのではなく、いまこそ日本は、明治の日本のように、ひたすら自力をつけることに邁進《まいしん》すべきなのです。

西尾　日本の政治家に言葉や思想を求めてもねえ。本当にみんな頼りない。

中西　本来、政治家の言葉は、知識人なり、メディアなり、あるいは一般国民の言葉なりがまずあって、その結果として政治家によって使われるようになるわけです。しかし、そういう国民的な基盤もないのに、この「価値観」という言葉を政治家が不用意に使うのは、たいへん危うい面があるのです。それを使うことで生じてくる非妥協的な精神や意識は、日本の大きな選択を誤ることになりかねない。

安倍首相がここで言っている「普遍的価値」なるものは、日本の伝統からいって、もともとは外来のものです。「法の支配」とか、「民主主義と人権」とか、たしかにそれは今日の世界では、どの国でも普遍的価値でしょう。だけど、そんなもので国と国との同盟が結ばれているとしたら、日本は大損《おおぞん》してでも、そんな価値のために戦うんですかと、そんな話にもなりかねない。そこらへんは日本のリーダーなら仮りにそれを口にするとしても、とくに保守の政治家なら、まずは、もう少しナショナルな意識空間の中に大義とか国家を考え、発信するべきでは。

西尾　ただ、「身体の半分を欧米において、残り半分でそうでない自分を意識していかねば」というのは、アジアの各国が背負っている運命みたいなものです。

中国は、半分は昔からの中国だけれども、半分は共産主義というイデオロギーに染まった。日本も、半分はアジアだけれども、半分は白人文明、白人のイデオロギーというものを背中に負った。そうしなければ、近代化できなかったし、そうしなければ、対等な関係を結び、互いに戦いあうことさえもできなかった。

つまり、パワーを得るために、やむをえない手段として半身は自分をあざむいた。あざむいたのかどうかもわからない。それがバネになった。こういう宿命がありますから、それを簡単に否定することはできないのかもしれません。

はたして「輝かしい近代」は存在したのか

西尾　戦前の日本では、昭和十五、六年になるまでに、欧米の侵略ということが急に言われだした。たとえば、柴田賢一《しばたけんいち》『白人の南洋侵略史』、高橋勇《たかはしいさむ》『亜細亜《あじあ》侵略史』、桑原三郎《くわばらさぶろう》

『亜細亜侵掠《しんりやく》秘史』、仲小路彰《なかしょうじあきら》『太平洋侵略史（世界興廃《こうはい》大戦史）』などといった、欧米の侵略に関する本が、だいたい昭和十三年から十八年くらいにかけて、わっと出てくる。以上あげたものはどれも力作名著です。一部は現在復刻されています。私がいくらその事実を強調しても、たとえば秦郁彦《はたいくひこ》氏などは、全部ひっくるめて陰謀論だと言って足蹴《あしげ》にするわけだけれども。

あの時代に、なぜ欧米の対アジア侵略というか、欧米の太平洋侵略が大きく話題になったかというと、こういうことがあります。日本人の歴史を見る目が、急速に地球規模で広がった。このとき大川周明《おおかわしゅうめい》という人が、はじめてイスラムを研究の射程に入れています。

明治のほんの半世紀くらい前までイスラムは大きな勢力で、むしろ欧米はたじたじとしていた。しかし日本は、百年から百五十年前まではむしろ欧米が立ち遅れていて、イスラム文明が優越していたという事態を複眼でとらえることができず、あっさり西洋の先進国に舵を切ってしまっていた。一等国はイギリス、フランス、プロイセン（ドイツ）、ロシアだとなってしまっていた。アメリカはまだ一等国のうちに入れていないのですが。

そういうふうに自らを規定して、西洋化路線を敷いた。出かけて行ったのもどこへ行ったか。遣欧米《けんおうべい》使節団です。イスラムを仰《あお》ぐなどということは夢にも考えなかった。これから歩む道は欧米だと決めてしまった。スコットランドの民謡が小学校の歌にまで入ってくるまでになってしまう。

そのような路線が、いつどこで、どうやって決められるべきかが、まだ誰にもわからない時代にあったのです。その先、世界がイスラムと欧米、どちらに向かうかさえ、まだわからないものを。

イスラムは、長いあいだ、ヨーロッパ以上のパワーだったのです。ヨーロッパは、イスラムから解放されて「近代」が生まれる。

日本も同じように、長いあいだ、中国文明の圧力というか、中国を師匠と仰ぐ意識というか、そういったものに縛《しば》られることが続いていた。中国語を介して仏教を手に入れるということもふくめて、他に手段がなかったのです。サンスクリット（梵語《ぼんご》）の仏典が意識されるのは明治以降です。それを考えると、「近世」までは一にも二にも中国だった。中国からどうやって解放されるかが「近代」だったのです。

つまり、イスラムからどうやって解放されるかが、ヨーロッパにとっての「近代」であったのに対応して、中国からどうやって解放されるかが、日本にとっての「近代」でした。

「近代」というものは、はっきりした目標があって、どこかに完成品があると思いこんでしまった。自由なるもの、民主的なるもの、輝かしきもの、個人主義的なもの、あるいは神話的思考を排すること、合理主義的なること、言葉はいろいろあるでしょう。おおかたの日本人はそんなふうに「近代」をとらえてきたし、いまもとらえているんです。

でもそれでは、外来のものでありつづける。西洋が日本人の「近代観」を決めてくれるものだと勝手に考えてきたのは、日本特有の出来事です。

そもそも歴史を「古代」「中世」「近世」「近代」「現代」と単純な発展段階説でとらえるのは、悪しきマルクス主義の影響です。

たとえば、アメリカの中には「中世的」なものがある。しかし日本人はずっとアメリカが「近代のモデル」だと思ってきた。アメリカは文明のモデルなのかもしれないけれども、一方で「野蛮のモデル」でもあります。

ということは、「近代」というものの見方は、ひとつに固定されるべきではない。国家国民や民族によっても、さまざまにある。これからやってくるものではなくて、すでに過去にあったものかもしれない。

いま、中国とアメリカは似ている面がありますから、中国にも「近代」はあるのかもしれない。少なくとも、いまの中国は彼らなりの「近代」をめざしているはずです。アメリカは自らを「近代」そのものだと思っているかもしれないけれども、われわれは、いまのアメリカの中に「前近代」を見たりしている。

そういうふうに混じりあっているものであって、明確に、「何年から何年までが近代だ」

というものではない。しかも、欧米が本当に鑑となるべき文明のモデルであるかどうかもよくわからない。江戸時代は「ひとつの近代」であったと考えてもいっこうにかまわないし、そう考えなくてもいい。

しかし、中国文明というものに対して、少なくとも日本がひとつのポジションを決めたのは江戸時代だと思います。自己を認識するスタートラインに立ったという意味では、「近代の自覚」はあったといえるんじゃないか。けっして戦後日本でもなければ、大正デモクラシー文化でもないと思っていますが、もちろんそう見ない人もいます。

ヨーロッパの場合で考えると、ベルエポックといわれる美しい一九二〇年代、あるいは永《なが》井荷風《いかふう》が渡航したときのいちばん美しい時代のヨーロッパ、第一次世界大戦前のベルエポックです。そういう時代がモデルとしてあるのか、ないのか。このときのヨーロッパは、すでにイスラムを脱却《だつきやく》しているのです。イスラムを眼中に入れない。

いまのヨーロッパの人たちは、自己を認識したのが十五世紀から十六世紀にかけてのルネサンス時代だと考えているわけですが、それも、なんだかあてにならない。「暗黒の中世から輝かしい近代へ」というのは本当なのかどうか。そもそも「近代」の概念は何なのか。

「近代的自覚」の正体

西尾　それには、プロテスタントとカトリックの関係を考えると、わかりやすいかもしれません。

カトリックはたくさんの自然宗教を抱えています。二世紀、三世紀、四世紀、五世紀、六世紀、七世紀といった時代では、日本と同じように洞窟や洞穴で神様を祀《まつ》ったし、あるいは森の神様やワーグナーが描いた神話の神々とか、「キリスト教文明」とは異質な自然宗教をたくさん抱えていた。それはずっと続いて、ヨーロッパの歴史の中にたくさん跡を残しています。ケルトの文化もそうです。

では、プロテスタントが出てきたのは何だったのかということなんです。プロテスタントとは異端との戦いであって、最大の異端はキリスト教の中にあった。それがカトリックであると考えられる。カトリックの自然宗教みたいなものは信仰の邪魔であるから、これを排除しなければいけない。プロテスタントは、彼らの純粋な自覚にもとづいて、「カトリックは非キリスト教である」と断定し、排除していく。つまり、カトリックは不純なものと見なされた。

しかし私は、カトリックのほうがいい文化だと思っています。なぜならば、プロテスタントは純粋ですが、人間の文化というものは純化されえない。プロテスタントは危険な思想ですが、カトリックは大人の豊かな思想だからですよ。非常に成熟した面もある。

カトリックは自然宗教の面を持っていますから、自然に反することはしてはいけない。日本人にもよくわかる思想です。結婚は男と女がするものである。人身御供《ひとみごくう》をしてはいけない。堕胎《だたい》は許されない。民族のために戦った戦士は祀らなければいけない、たとえ野蛮人でもです。だから、靖国《やすくに》神社をつぶすことに反対したのはバチカンです。マッカーサーが靖国神社を燃やすことができなかったのは、異教徒に対するカトリックの理解があったからです。

ごく常識的な、人間らしいものを持っているのはカトリックです。カトリックは中世でも異端に厳しかったが、異教徒には寛大でした。政治的かつ外交的な面があった。一方で、徹底的に内部にある非キリスト教的要素を排除するのがプロテスタントの思想です。

中西　イスラム原理主義のように。

西尾　そうです。プロテスタントは、「キリスト教原理主義」に立って徹底的にやるということで、アンチカトリックでいくわけです。それがアメリカに飛び火して、すさまじい戦争の原動力にもなってきたんです。

「近代」には、そういう面もあるでしょう。つまり「中世的」なもの、カトリック的なものを排除して、信仰の自覚に達する。自己を確立するという根源に立つ。これが「近代的自覚」といわれるもので、それに日本の知識人たちも憧れたのです。マルクス主義もそのひとつです。

中西　たしかにマルクス主義もそうでしょうね。

西尾　「近代的自覚」のひとつだった。

中西　それから、アメリカを考える上で欠くことのできない媒介項のひとつが、アメリカ史の一大モーメントとしての無神論です。私の見るところ、アメリカニズムとは、実は唯物主義精神、つまり極端に原理主義的なキリスト教信仰によって偽装された、ある種の無神論、それが「近代的自覚」と混同されて、社会観念や政治意識に置きかえられたもの、と考えられます。

つまり、カトリックやイギリス国教会の教義を純化して、さらにその純化を「永続革命」的に続けてゆくことで、その先にある極限的な原理主義に達する。そしてそれは、やがて近代科学の普及によって、スムーズに汎神論や無神論へと移行していった――これが、北米ピューリタニズムの歴史的役割でした。そして、これこそアメリカ資本主義と二十世紀の帝国主義のバックボーンを成すものとなります。

プロテスタントにはいろいろ流派はあるけれども、ピューリタニズムの究極は、いまのイスラム原理主義のもっとも過激な部分と同じだと思います。宗教というのは、どんな宗教でも、宗教改革つまり純化を続けてゆくと原理主義におちいり、それはやがて行動的なエネルギーに満ちた無神論へと行きつくように思います。そしてアメリカの場合は、そこで「近代らしきもの」を身につけて、普遍主義を主張して対外膨張へと乗りだす。これが二十世紀のパックス・アメリカーナの精神的背景、つまり「アメリカ外交の魂」としてとらえられるものです。

先ほど話した、アメリカ史に繰りかえし現われる「大覚醒運動」もそうですが、十八世紀初めに起こったその最初の例だった、イェール大学のジョナサン・エドワーズの唱えた〝純化運動〟とか、あるいは、十九世紀の「第二次大覚醒」運動の時代に全米に広がった福音主義のキャンプミーティングがつくりだした熱狂的な行動主義の社会的・政治的反映としてのアメリカ対外膨張への衝動とかがそうです。たとえば、かがり火の前で陶酔状態になって魂の再生を誓いあう。あれはイスラム原理主義と同じレベルです。しかし、近代アメリカの場合、そこから資本主義の高度化で生まれる投資先と市場の拡張を求める金融利権の衝動と合流してゆきます。繰りかえしになりますが、これが二十世紀のパックス・アメリカーナの精神的＝政治的背景だというのが、私の学説です。

いずれにせよ、アメリカのピューリタニズムは、知識人の人的な系譜論で見ていっても、やがては無神論に行く過程が非常に明瞭です。その象徴がハーバード大学です。

西尾　え、そうなの？

中西　それは、ピューリタニズム運動のある時代の主要な担い手と人間集団の系譜から見ると、よくわかります。

たとえば、大学としてのイェールとハーバードはどう違うか。ごくごく大ざっぱに言ってしまうと、イェールは十九世紀に入っても、まだ最後のキリスト教信仰を持っているんです。イギリスのオックス＝ブリッジの宗教史の知識を背景にもってアメリカの大学に行けばすぐにわかります。たとえばそれでキャンパスや礼拝施設を見たら、いまやハーバードの建物に宗教的な色彩を感じさせるものは、ほとんどないけれども、イェールにはたくさん残っています。いまもイェールは明らかに保守的で、だから卑近な話、いまでもＣＩＡやペンタゴンに入るエリートを養成するのに力を入れています。イェールは、無神論化しない古いピューリタニズムが残ったので、いまもアレキサンダー・ハミルトン流の古い国家主義の体質を残しています。

西尾　一方のハーバードは、商売だものね。

中西　ハーバードは十九世紀に大きく世俗化し、二十世紀の今日、すっかりラディカルレフト化しています。ピューリタニズムの特殊な先鋭的な部分が、ハーバードでは真っ先に、十八世紀末に明らかに無神論化する。それが、前に少し話しましたが、ハーバードを席捲したユニタリアンの流行です。十九世紀になると、当然のこととして、ユニタリアニズムから、さらに進んで唯物論になってくる。さらに言えば、ハーバードのこの種の唯物論は、たとえばマルクスの「ヘブライ的なるもの」と、どこか深く結びついたものを感じさせます。

西尾　歴史とつながって、史的唯物論になる。

中西　「近代」が行き着く先は、宗教から無神論へ、そして無神論から唯物論に行く。その唯物論が、さらに二十世紀の共産主義や、いまのグローバリズムを生みだしてしまった。ですから、こうやって見てゆくと、いわゆる「近代」というものと、「一神教の過激化」という宗教要因とは、たいへん深く関わっていることがわかってきます。

西尾　関係が深いんです。

中西　ですから、冷戦が終わって共産主義が後退し、アメリカニズムの核心にあった反宗教的情念とか行動的な唯物論がグローバリズムへ向かったのと、宗教原理主義が同時発生してきたのは、むしろ必然で、これらはワンセットなのです。

西尾　たしかに共産主義も、キリスト教の信仰の一種の変質スタイルというか、それを逆転させたものですね。

中西　そうです。いまでもアメリカ人は、無神論をどう扱うかという問題に苦労しています。アメリカ国旗に対する忠誠もそうですが、アメリカの大統領が一月十九日に就任宣誓式をやりますよね。この宣誓は聖書に手を置く。「シビル・レリジョン」（市民宗教）と言います。つまり民主主義国アメリカの「国家宗教」として、アメリカのナショナリズムの最後の支柱です。当然それは無神論の一種ですが、聖書宣誓は大衆操作としての宗教象徴の利用としては有用だから、残しているのですね。

柏原　アメリカ大統領には、キリスト教徒でないとなれないのですか。

中西　聖書に忠実であろうとするかどうかですが、まずはコーランが聖書と同じ地位を認められないと、イスラム教徒に、あの形の就任宣誓はできませんね。

柏原　宣誓ができなければ、就任できないということですか。

中西　いまのアメリカでは、そうです。つまりいまのアメリカは、この点でかろうじてキリスト教国家なのです。だからアメリカでイスラム革命でも起きないかぎり、イスラム教徒は就任できませんね。

西尾　日本の「近代」というものを考える前に、欧米の「近代」を考える必要があるわけですが、これは無神論にも行くし、ニーチェのニヒリズムにも行く。いろいろな方向へ行くけれども、とにかく「近代的自覚」というものは、プロテスタントが歴史を自己否定することによって生みだされた。いわゆる純化した「近代的自覚」は、非常にキリスト教的であるともいえると思います。

プロテスタントは、すべてが自己決定、自分の責任は自分で決めるという恐ろしい思想でもあるんです。神様に依存するという他力本願の心はどこかへ行ってしまった。

この章の冒頭で中西先生が提出された問い——日本の知識エリート層の戦争参加への意識の弱さに比べて、英米のそれはたいへんに強く、しっかりしているのではないかというあの問いは、ここに関係があるのではないでしょうか。自分の責任は自分で決めるという意識の強さは、信仰に関係があるのではないかと思います。戦後の日本人は、その強さにも劣等感を持ちました。

戦後日本人にとって、日本が「近代化」するためにはキリスト教をくぐらなければいけないという思いこみ、ないしは強い欲求があったのです。森有正《もりありまさ》という人がいたでしょ。とうとうそれでフランスへ行ったきり帰ってこなかった。そういう一時代もあったんです。

私の学生時代には、左翼かマルクス主義者以外は、純化した信仰の方向へ行った人がずいぶんたくさんいます。日本が「近代化」するためにはキリスト教をくぐらなければだめだと。その通過儀礼がないから日本人はだめなんだと。それがマルクス主義への傾倒にもつながってしまうんです。

「西洋文明」というプロパガンダ

西尾　ヨーロッパはイスラムとの戦い、日本は中国との戦い、そこからの解放が自覚を生むわけですから、それが「近代」であると考えれば、実は「古代」のイメージがいかにしてつくられたかが重要なんです。

中西　ここで、もうひとつ大事なこととして、日本の「近代」を完結させるには、「中国との戦い」と同時に、「アメリカとの戦い」という、もう一本の線を引かないと、「日本の世界史的立場」は成立しません。この「アメリカ・ファクター」こそ、昭和に入って日本が中国に圧倒されはじめる流れをつくったからです。それがはっきりしはじめたのは、大正期から、今日の中国の大膨張が始まる昭和の末期にかけての話なのです。

それは、政治史的には一九二一年のワシントン会議における「米中の対日包囲外交」の始まりがまずあって、一九七一年のキッシンジャー訪中による「その再開」が二つめの画期となります。つまり江戸から明治の日本は、文明史的にも完全に自立していたが、大正に入って米中の一体化によって、その自立主体としての「世界史的立場」を奪いとられることとなった。高度成長後の日本がいよいよ自立へ向かおうとしたとき、アメリカの対中接近に始まる中国の再抬頭《たいとう》に直面したわけです。

西尾　アメリカとの戦いも入るでしょうが、その前にちょっと古い話です。少し長くなりますが、ここをくぐらないと先へ進めないので、お許しください。

「近代」が成立するには、必ず「古代」というものの奪いあいがあったと見ています。理想とする「古代像」の奪いあいです。ヨーロッパは長いあいだ、イスラムと「古代像」を奪いあっています。

まだムハンマドが生まれる前ですが、ゲルマン人は何世紀もかけてやっとローマの縁《ふち》にたどりついたのに、アラビア人の宗教の伝播《でんぱ》のしかたは電光石火《でんこうせっか》の速さでローマの壁を打ち破った。アラビア人は、ローマを宗教化した。アラビア人は、ローマ人をあっという間にアラブ化してしまうというすさまじいパワーを持っていた。

一方で、アングロサクソンのゲルマン人は、ローマになかなか接近できない。ゲルマン人は自然信仰しか持っていなかったから、結果として、ゲルマン・ヨーロッパは「アラブ化したローマ人」に席捲され、支配されていったんです。

その後、イスラムは地中海を制圧して、ゲルマン人を北方に追いやってしまいます。ゲルマン人は地中海から追われて東ローマと西ローマに分裂し、西ローマからも追われてセーヌ川とライン川の真ん中くらいにたむろする。そこでローマ人と混血したりして長い世紀を暮らすわけです。これがフランク王国です。

文明的な水準はまったく下がってしまって、言語も失った。その当時の通用言語はギリシャ語でした。聖書はギリシャ語で書かれていたのですが、ヨーロッパ人でギリシャ語を書いたり読んだりする人は、ひとりもいなくなってしまう。

そういう長い暗闇《くらやみ》の生活が続き、フランク王国のカール大帝は字が読めなかった、書けなかったそうです。それくらい文明が下がってしまって、読み書きできるのは僧侶だけであったといわれます。まさに真っ暗闇の中世では、迷信だけがはびこる。それがヨーロッパ、西ヨーロッパというものの現実だった。

東ヨーロッパ、ビザンチンのほうはそうではなくて、文化が高く、たくさんの文化を継承するわけです。ヨーロッパの文明というと、日本人はすぐに古代ギリシャのアリストテレスとプラトンを浮かべますが、プラトンは思想としてキリスト教の中に流れこみます。だから、なんとか中世をくぐり抜けるのですが、西ヨーロッパはアリストテレスをまったく知らなかったのです。

ほとんどすべての古代ギリシャのイメージを持っていたのは、アラビア人でした。古代ギリシャの文献は、全部アラビア語に翻訳されていたものだけが残ったのです。当時の一般的なアラビア人は、宗教や文化、文学にあまり関心がなかったのですが、数学や物理とか、アリストテレスも含めてそういうものは継承していました。

では、ヨーロッパの人たちがギリシャ文学の白眉《はくび》と謳《うた》ってきたアイルキュロスやソフォクレスのすばらしいギリシャ悲劇は、どうなっていたのか。それらは、いったん全部滅んでいたのです。かろうじてアラビア人が、東ビザンチンの学校のテキストに使ったものだけが次の時代に残りました。『オイディプス王』とかもそうですね。

古代ギリシャやローマの古典は、原典で出土したものはほとんどないのです。中世の写本です。古文献発見で何か騒ぎが起こるのは、せいぜい中世末期の写本が発見されたとかのレベルの話です。たまたま見つかったのがエピキュロスの初版で、ポンペイか何かの灰の中から見つかって大騒ぎになる。こうやってギリシャ語で書かれた写本が見つかったのはわずかで、後は全部、アラビア語に翻訳されたものが残っているだけです。

したがってギリシャは、西ヨーロッパの先祖でも、「古代」でも、何でもないのです。古代ギリシャの文献はヨーロッパの古典ではない。

そのあいだ、千何百年というあいだ、西ヨーロッパの文化は埋没してしまっていた。十六世紀にロッテルダムのエラスムスが登場して、「聖書」の原典を復活しなければいけないとなったときに、ギリシャ語をいちから学ばなければいけなかった。まわりにはギリシャ語を教えてくれる人が誰もいない。それで南ヨーロッパの果てまで歩いていって、やっとギリシャ語をしゃべる人がいるというので、その人をつかまえて聞いたりします。いまある「聖書」は、そうやって復元したんです。

また、ヨーロッパの博物館には、たくさんの古代ギリシャ時代の彫像がありますが、あれもほとんどが出土品です。縄文土器が出てきたように出土したのです。ゲーテの時代です。ゲーテの時代に、次々とローマ時代のすばらしい彫像が掘りおこされたので大騒ぎになった。それから後、今度は古代ギリシャを自分たちの文化とするのだと言って、いろいろやるわけです。

だからヨーロッパには、根源的不安があるのです。なぜ、あんなに「ギリシャ、ギリシャ」と騒ぐのかというと、結局は、つながっていないものを、つなぎとめておくためですよ。「ヨーロッパ文明」という虚構を維持するためのプロパガンダです。

フランス人はローマ人と混血していたから、まだ古代文明とはある種のつながりがあるといえるでしょう。しかしゲルマン人は、古代ギリシャとはまったく何の関係もなかった。であるはずなのに、「近代のドイツ」が「ギリシャ、ギリシャ」と騒ぐのは何だろうかと、ずっと疑問に思っています。

なぜかと言うと、ドイツ人がフランス人と同じように「ローマ、ローマ」と言うと、フランスに「ヨーロッパ文明の継承権」が行ってしまいます。「古代ギリシャは、ローマより古い。じゃあ、オレたちはギリシャだ」というのがドイツ人のイデオロギーとなり、ナチスの思想につながっていくんです。それで戦後、ギリシャ語はドイツでは強く否定されます。ギリシャ語教師はイデオローグだとさえいわれるようになる。ただし、そんなことを言うのは、ドイツでも極左の連中ですが。

なぜ、そのくらいのことが日本で伝わらないのかわかりません。この国で見るもののほとんどが、「古代ギリシャ＝ヨーロッパ文明」ですよ。これは、プロパガンダなんです。中国共産党のプロパガンダによって、中国史は全部つながっていると信じこまされているのと同じです。つながっていないんです。中国歴代の王朝は寸断されて、「ひとつの中国史」なんかは存在しない。それと同じです。

潮《うしお》出版から、『中国の文明』全何巻か出ているらしい。同じようにヨーロッパ文明史というと、必ず「古代ギリシャ・ローマ」から始まるけれども、「ヨーロッパ文明」というものは、十二世紀から始まるんです。それ以前は、荒れ果てた荒野と迷信、いろいろな森林信仰と結びついたキリスト教、マニ教とか、ミトラ教とか、グノーシス思想とか、そういったものが混在していたのが、中世以前のヨーロッパの歴史です。

イスラムとの「輝かしい文明」の奪いあいの話に戻しますと、科学の面では長いことイスラムのほうが上でした。種痘《しゅとう》も、心臓の研究も、アラビア人が先にやっていた。医学はイスラムのほうが進んでいたのです。

イスラム文明や中国文明からの離脱が「近代」である

中西　ヨーロッパに対するイスラムの文明史的な優位性を、日本人がしっかりと押さえておくことは、日本文明の独自性と日本のいわゆる「世界史的立場」を考えるとき、とても大切なことですね。

しかし同時にわれわれは、イスラムそのものをキリスト教と同様にしっかりと相対化しておくことが大切です。たとえば、いま「イスラム過激派」というけれども、テロをどう見るかは別問題として、イスラム原理主義の世界史的・文明史的な位置づけは大切ですね。とりわけいま、それを「近代前期のキリスト教」がたどった純化路線《ピューリフィケーション》、つまり原理主義、そして無神論化の流れとパラレルに見る視点が求められてます。

イスラム原理主義がいま、よみがえっているのは、十六、七世紀のキリスト教でまさしくプロテスタンティズムやピューリタニズムが登場したことと、宗教論としての本質においても、またそのプロセスにおいても、まったく類似した現象として見ることができる。

西尾　そこは重要。詳しく言ってください。

中西　一九七〇年代の後半に始まったとされる、いまのイスラムの原理主義がそれ以後、急速に世界情勢全般に対し、こんなに目立ってきて、しかも、明らかにこれからもずっと二十一世紀の歴史を動かす非常に強い力になって、いちやく世界史の主役に躍《おど》り出たといえます。

しかしこれは明らかに、われわれが近代世界史、つまり世界の文明史で一度経験したものです。それは西洋史的に言えば、いわゆる「近代初頭のヨーロッパ史」です。つまりそれは「キリスト教の宗教改革」であり、いまのイスラム教の原理主義に当たるのが、四百年前のプロテスタンティズムであろう、そのうち、とくに過激で危険な紛争やテロの源になったのが実は、ピューリタニズムだったわけです。十七世紀のイギリス革命やフランスのユグノー戦争は、まさにピューリタニズムの絡《から》んだ一大テロ戦争だったのです。

しかし西洋史学風に言うと、そこから新しい「近代」が切り開かれているのだから、この強い吸引力と拡散力を持った、いまの急進的なイスラムだって、数百年後の世界史の主人公になる可能性を秘めている。そういう世界史的な自己主張として見なければいけないわけです。

ということは、日本はキリスト教圏とイスラム圏の今後の対峙と競合の中で、どこに自らの立ち位置と軸足を置くべきなのか、これはまさに、「日本の世界史的立場」が問われる展望として受けとめる必要があるのです。

西尾　ヨーロッパの場合は、イスラムの圧力から逃れること、その動きの中で彼らの「近代」というものが生まれたのではないですか。

中西　そして、現代中国もまた、このイスラム原理主義の滔々たる流れの時代に世界史的なスケールで抬頭してきたわけです。このイスラムと中華という、二つの「反ないし非キリスト教文明圏」が、米欧への対峙勢力として、世界史的に抬頭してきたということを、より大きな文明史的展望において見ることが、日本には鋭く求められているのです。

そして、ハンチントンではないが、このイスラムと中華によるユーラシア規模の枢軸《すうじく》が、たとえばいまの「一帯一路《いったいいちろ》」などの帰趨《きすう》に米欧を圧倒する時がまもなく来るかもしれないのです。

西尾　イスラムと中華のコネクション。

中西　これはすでに、アメリカなどがいますでに、いちばん恐れることだけれども、われわれにとってはそんなに恐れることだろうか。

西尾　二つのコネクションそれ自体は、日本人にとって関係がないと言えば関係がないですね。

中西　もっと言えば、中華を含めた両勢力が対峙し、相対化されることは、むしろ日本にとっては歓迎すべきとさえいえるかもしれない。もしハンチントンの言うように、中華＝イスラム枢軸と米欧キリスト教圏がぶつかることになれば、それは日本の「世界史的立場」の回復にとって、むしろ好条件をもたらすかもしれないからです。とりわけ「西洋近代」の呪縛から逃れるという意味でね。

西尾　はっきり言えることは、江戸時代の日本、日本の「近世」ですか、それからヨーロッパの「近世」は、それぞれが……。

中西　パラレルなんですよ。

西尾　それぞれが敵を持っていたんです。中国という文明、イスラムという文明、この二つの大きな存在からどうやって逃れるか。そこから、それぞれの「近代」が生まれるんです。もう一度、話を元へ戻させてください。日本の場合は、中国文明から離脱することが「近代化」でした。

「日本近代」と「西洋近代」が一致するのは、経済史的な側面からでしょう。いずれも同時に、アジアの物産から解放されたともいえるわけなんです。香辛料など、ずっとアジアの生産力によって支配されていたヨーロッパの経済は、カリブ海で砂糖をつくったり、奴隷貿易に置きかわったりすることによってアジアから離脱する。

日本の場合は国内の農業生産の蓄積が進みます。とくに綿花と砂糖ですか。麻から綿へ移行する。国産化できるようになりました。結果として、これがいまの日本の資本主義の土台になったことは確かです。欧米のように奴隷貿易や大規模なプランテーションを行ないませんでしたから、そのぶん経済力は弱かった。ただ、弱いなりに自立するんです。その一方で、なぜヨーロッパはイスラムを超克できたのか。解剖学が出てきてからヨーロッパは強くなる。実証精神というものが強いんでしょう。この実証精神を中国は持っていませんでしたが、不思議に日本人は持つんです。

「近代」というものは「古代像」の奪いあいだったという話をしましたが、もうひとつ重要な前提に、宗教改革がありました。

日本の「近代」は江戸時代です。これを精神史的に説明しますと、十七世紀の終わりに、水戸光圀《みとみつくに》が『詩経《しきよう》』を見て日本にも古代歌謡のアンソロジーがなければいけないということで『万葉集』の校訂や注釈を僧契沖《けいちゆう》にやらせる。それから司馬遷《しばせん》の『史記《しき》』を見て、日本にも同じような歴史が書かれなければならないというので、光圀自らが大仕事にかかります。これが『大日本史《だいにほんし》』です。

日本の場合、その「近代」がそれまで先例・模範にしてきた中国文明からの学習（再学習ないし模倣）であると同時に、離脱でもあったということは、きわめて大きな問題です。それは、江戸時代にはじめてナショナリズムが生まれたことを意味している。中華を真似した対中華意識です。日本の儒学は中国研究でもありますが、同時に日本が日本を自覚する。中国を知れば知るほど、「自分たちは何だろう」と疑問が大きくなる。

江戸時代に、神道も仏教もそういう運動を引き起こす力がなかった。一方、日本の儒学は中国研究であるだけに、追いこまれて中国から見て他者としての自分というものを自覚せざるをえなくなった。光圀の例もそうですが、他の儒者たちもみんなそうです。ある意味で、日本の国教意識みたいなものをつくったのは儒学です。彼らの努力によって、日本の歴史文化の基本が江戸時代につくられていきます。

そして、十八世紀の本居宣長《もとおりのりなが》の出現によって、日本の神が探求されていきます。『古事記』などに記載される神々がどのようなものであるかということを、最初から解読していく道筋が開かれました。儒学から国学への展開、そして水戸学《みとがく》へ行く流れが日本の近代思想の柱になってくると思います。

自分たちの神をいったん否定して、また自分たちの神にこだわる。世界の歴史の中で、この神の否定と神の新しい再建をやったのは、日本とヨーロッパだけです。他の文明では自分たちの神を否定することはできなかった。いまもそうです。中国はできないでしょう。イスラムもできない。イスラム世界では、神を否定したら死罪になってしまいます。

けれども、ヨーロッパは神を否定し、新しい神の姿をつくった。アメリカもそれを受けて、神の姿を大きく変質させた。日本もそうです。いまになって、そういう実験や実証をやることができた国民とできない国民の差が出てきていると思っています。

この精神的な闘い、神との闘いが「近代」ではないかと。それがノーベル賞などの形になって出てきている可能性は高い。日本と欧米だけが先端技術・先端科学に強いのは、そういうことと深く関係があるのではないかとも思うのです。

だから私は、まさしく江戸時代に、儒学から国学への展開、そして水戸学へ行く流れが日本の「近代思想」の柱になってくると思います。

いずれにしても、ヨーロッパはイスラムに対してノーと言い、日本は中国文明に対してノーと言うことをやりました。これが「近代」です。これがいま、イスラムと中国が改めて怪異なる形で、グロテスクなる形で、現代の文明と称する日欧に対抗して出現しているということの背景ですね。

さっき中西先生から、ここに「アメリカン・ファクター」を入れなければ世界史の展望にならないというお話があり、私がさえぎって我田引水《がでんいんすい》してしまいましたが、アメリカはヨーロッパの延長であるように見えて、必ずしもそうではなく、神を否定し、再創造する力は弱く、旧《ふる》い神をなお清算できずに引きずっているのではないでしょうか。

日本の歴史を拒否してきた日本人

柏原　この点に関しては、中西先生はいかがですか。

中西　いまの話には、少なくとも二つの点で異論があります。ひとつは、ヨーロッパが神を否定し、新しい神の姿をつくったというのはいいとしても、アメリカはそれを受け継いだようなお話でしたが、その点での米欧の一体視には慎重であらねばならないと思います。われわれは真の世界史的視野を取り戻すためには、改めていま、ヨーロッパとは異なるアメリカの特異性にこそ目を向ける必要があると思います。

もうひとつは、江戸期の日本が中国から「古代」を奪いとったというか、自らの「古代」をつくりあげたことと同じように、二十一世紀の日本つまり、われわれの当面する今日ただいまの日本も、まずは、アメリカに奪われた日本の「近代」を取り戻さなければいけないと思うのです。

西尾　取り戻す……ね。

中西　アメリカに奪われた「近代」とは、とりわけ戦後日本の精神的な悲劇性のことです。経済大国になっても依然として日本人のアイデンティティ、自らの来歴と、いま自分が立っている場所さえ、いまだに日本人は見つけられない。

江戸期にいったん自ら取り戻したはずの「古代」、そしてそこから把握できた日本の本来の「近代」は、早くも大正期、つまり文明的立場としてはその揺籃《ようらん》期にアメリカの影に覆われ、さらに敗戦によって、ほぼ完全に他者つまり「アメリッポン」（アメリカ＋日本）、すなわちアメリカニズム化された日本が、政治的な強圧によって、憲法を押しつけられた以上に文明ごと押しつけられたのです。

たとえば、『日本書紀』や光圀の『大日本史』は、占領政策、とくに西尾先生もよくご存じのとおり「焚書」など暴力的なやり方で否定されています。アメリカ占領軍は、せっかく宣長以後、獲得した日本の「古代」も明確に否定したのです。

ですから、この文明的な「アメリカの傘」の下にあるかぎり、中華に対抗しうる日本の「近代」を取り戻すことができないのです。

西尾　とくに水戸学関係の本は、完全に「焚書」されましたから。

中西　なぜGHQは、あれほど水戸学を危険視したのか。

西尾　GHQどころか、いまもわが国の歴史学界は水戸学を忌避《きひ》しています。

中西　そのとおりです。いまでも私のような古代日本史の専門学者ではない人間が、水戸学的なことをほんの一行、二行、引用したりすると、そこをめがけて集中攻撃されます。「こいつは知識人にあるまじき、否定されたはずの戦前日本の水戸学的発想でものを言っている」とかね。

西尾　バカみたいね。

中西　右翼反動の何とかかんとかだと言われる。これは、いまも残るＧＨＱ直伝《じきでん》の水戸学に対するタブー感の異常な強さだと思います。

なぜアメリカが、あれほど水戸学的なるものを否定したか。それは、江戸期の日本が「古代」を取り戻しているということは、そこに日本のひとつのアイデンティティの軸ができている。この軸に沿って明治以来の日本の、アメリカに匹敵しためざましい興隆があり、そして将来、アメリカに対抗する日本が再生するかもしれない。何があっても、これはこの機会に完全につぶさなければ、日本人を金輪際《こんりんざい》、無害な「アメリッポン人」に変えることはできない。こういう戦略がアメリカの側に明確にあったからでしょう。

少なくとも日本人の中の対米協力の先頭に立った左翼学者はそういうことを言って、「水戸学と『太平記』の世界は必ずつぶせ」と、ＧＨＱ当局者に助言していた。これは歴史的事実です。だから、水戸学の著作は徹底的に集めて「全部焚書にしろ」と、ＧＨＱは厳命したはずで、これほど根こそぎになくなってしまっているのです。そして、こういうことを日本人の対米協力者なり、あるいはアメリカの日本研究者なりが、戦時中からターゲットにしていたのではないだろうか。

その異常さに非常にびっくりしたのは、前に申しあげたようにケンブリッジ大学の図書館には水戸学の本が一カ所に束《たば》になって集められていて、そこだけに同じものの版違いまで完備し、たくさんあった。四十年以上前の私は、それが何を意味するかもよくわからずに、ただ日本語恋しさ、日本の本を読みたい、かの地には他に日本の本がないということで、「変な本だな」と思いつつ読みあさったのです。帰ってきて、「日本の知識人ならみんなこのくらいの本は読んでいるだろうか」と思って聞いたらとんでもない、いまも日本の図書館ではほとんど禁書だということがわかったのは、二十一世紀に入ってからでした。

西尾　いま歴史の本が体系的に並べてある大型書店にも、水戸学の本はないですよ。ぽこっと抜けています。

柏原　山本七平《やまもとしちへい》という人物がいて、彼が最晩年に書いた重要な本があるでしょ。『現人神《あらひとがみ》の創作者たち』。

西尾　あれを読んでびっくりしたんです。

というのは、水戸学批判なんです。批判するのはいいです。水戸学は前期と後期があって、前期は光圀に偏《かたよ》っていて多少イデオロギー的でもあるけれども、後期は歴史というものに目覚める。日本の歴史意識の展開が見えます。思想的には前期と後期はつながっているけれども、活動は真ん中で切れています。時代も離れています。山本七平さんは水戸学の前期ばかり批判して、重要な後期のことは一行も書いていないのです。

中西　そこにある水戸学を忌避しようという意識は、同じ戦中派世代のインテリとして司《し》馬遼《ばりよう》太郎《たろう》さんにもいえます。水戸学どころか、司馬さんは建武中興《けんむちゆうこう》や南朝の志士の戦い、さらには楠木《くすのき》正成《まさしげ》さえ忌《い》み嫌うべき日本史のテーマとして、取りあげることすら強く忌避していると公言しています。しかし、司馬遼太郎は河内《かわち》の人です。生涯住んでいたのは、河内小阪《こさか》という町です。千早《ちはや》・赤坂《あかさか》のある河内の国は言わずと知れた、大楠公《だいなんこう》。楠木正成を生んだ土地柄です。なぜ、その「郷土の英雄」でありつづけた楠木正成や『太平記』の世界を司馬氏はそれほど忌み嫌うのか。それは、ひとえに大東亜戦争の記憶とつながってくるからでしょう。

私は大阪生まれですが、大阪の人間は、河内なのか、泉州《せんしゆう》なのか、はたまた北大阪つまり摂津《せつつ》なのか。同じ大阪と言われても、県民的アイデンティティはかなり異なる。私は司馬氏が「河内の人」だと言われて、さぞ、大楠公・小楠公の歴史を誇りにしておられるだろう、と思っていましたが、たいへん意外でした。

西尾　そのへんの感覚は、さすがにわからない。

中西　司馬さんが書いているものを読むと、『この国のかたち』なんかにも出てきますが、何度も何度も繰りかえして、楠木正成のことが出てきます。しかも、たいへん否定的に。

「楠木正成だけは絶対に取りあげたくない。楠木正成を取りあげたら、私の目に浮かぶ二文字がある。それは、滅亡、完全な滅びしかないからだ」と、ストレートに言っている。
それは明らかに、楠木正成と大東亜戦争の結末とを二重写しにしているのです。「菊水《きくすい》」（楠木正成の旗印）という文字を見ると、それだけでもう……。

西尾　アレルギーね。

中西　アレルギーというより、PTSD（心的外傷後ストレス障害）というほど強いトラウマでしょう。しかし楠木正成は、まさに河内が生んだ日本史上のおそらくは最大級の英雄なのです。楠木正成を論じずに日本の、「この国のかたち」なんてとうてい論じられないのに、そこまで忌避しなければならないのはいったい何なんだと思い、かえって興味を覚えました。

実際、司馬さんが露骨に示した水戸学への強烈なタブー感は、戦中派以前の明治生まれの世代だった私の父たちには、まったく存在しなかったものです。これも若いころから、ものすごく疑問でした。父にとって戦後も長く、後醍醐天皇は明治天皇に並ぶ、屈指の名帝でした。また、子供の頃から不思議に思っていたのは、父とその弟たちとでは世代が少し下ると、急に正成観が激変していたことです。その疑問が、いまの山本七平の水戸学に対する奇妙な忌避感と、完全に二重写しになりますね。山本七平ともあろう人が、後期水戸学のことを知らないはずはないのですが。

西尾　わざと書かないんです。

中西　司馬遼太郎の場合、それを取りあげると、必ず大東亜戦争の問題になってくるから、と自身でも、たしかどこかで言っています。つまり、楠木正成の問題を取りあげれば、必ず日米間の文明史的闘争としての、あの戦争の意味を問うことになるからです。司馬遼太郎のような、「昭和の戦争」の全面否定論でその知的アイデンティティが組み立てられている人は、単なるトラウマだからではなくて、彼の歴史観そのものが「大楠公否定」、あるいは「水戸学の全面否定」のパトスに導かれ、構築されているからだと思います。

そこまで来たら、日本文明史の重要な側面を見る目に自ら蓋《ふた》をしていることになるが、司馬遼太郎はそれをわかっていたと思います。それだけのコストというか、損失を支払ってでもどうにも正成には触れたくない。だから、ここに彼の日本史観のいちばんの核心というか、いわゆる司馬史学の極意があるなと思います。

自主憲法をつくれない理由

柏原　それではなぜ、日本人は自らの歴史を直視できなくなってしまったのでしょうか。これは民族の悲劇とでも言いうる事態だと思うのです。この点に関して、西尾先生はいかがですか。

西尾　日本が、「古代」には中国文明、「近代」にはヨーロッパ文明という、外から二つの大きな洗礼を受けたのは紛れもない事実です。日本固有のものとは別個に、そういうものから大きな洗礼を受けた。

聖徳太子の「十七条憲法」も、「明治欽定《きんてい》憲法」も、ともに二つの憲法は、それぞれのそうした外来文明をひとつの鑑として、模倣ではなく、それを土台に置いて自己検証し、そこから再発展させてできた。

中西　たしかに、その二つの場合、外来文明の重要な要素を思い切って取り入れたと思いますが、私の文明史観では、それは日本文明の本質的な対応のしかたなんですが、そうした外来的要素をけっして直輸入はせず、大きく「換骨奪胎《かんこつだったい》」することによって、独立文明としての存在を明瞭に保ち、強靭《きょうじん》な自己保存能力と対応能力の高さを示しています。たとえば、仏教を取り入れても、神道は保持し、文明開化の主導権としての近代天皇制を創造したことなのです。

西尾 ところが戦後、その二つの土台のどちらもがなくなってしまった。さしあたりはアメリカというものを代替《だいたい》の鑑にして何とかごまかしてきたけれども、賞味期限が切れて、それではもうどうしようもなくなった。そういう時点にいま来ているのではないでしょうか。先生が言っておられるような、アメリカからの脱却の論につながっていきます。

中西 まさにそうでね。

西尾 まず中国文明に依存してそれを鑑にし、次にヨーロッパ文明そのものを鑑にした。ここまではよかったけれども、それらと比べると「アメリカ文明」なんてものは鑑にするほどの……。

中西 そもそも「日本文明」と違って、「ヨーロッパ文明」とは異なる「アメリカ文明」なるものがあるかどうか、たいへん疑わしいと思っていますが、少なくともアメリカ由来の文化現象には、やはり、唯物主義の他に普遍性やモデル性、文化としての内実性はないと思います。

その代わり、純粋な物質主義と、それを他文明地域に広げてきたパワー、力、覇権志向が、アメリカニズムの本質的特徴としてある。しょせん軍事力と経済力がアメリカニズムの根幹ですね。私に言わせれば、この二つがなくなれば、残りのものはいわば歴史のゴミ箱行きですね。独立文明としての持続的な価値はないのだから。そこへゆくと、日本の「古代」が受けいれた中国文明は、やはり純粋に文明だったのです。

西尾　血肉になっています。われわれの文字がそうなんだから。

中西　それは否定しようもありません。ヨーロッパの「近代」の文明的エッセンスもわれわれは積極的に受け入れたし、しかも自発的に受け入れた。

西尾　学んだのですね。

中西　よろこんで学んだ。そして、明治以降、日本人はそれを自らの体化、つまり身体にしみ込ませてきたわけです。もちろん「換骨奪胎」した上での受容ですから、そのことで、われわれは何も日本的な本質を失ってはいません。このことは小泉八雲《こいずみやくも》が繰りかえし言っているとおりです。

西尾　では、憲法改正、自主憲法がなぜできないかという、根源に触れる問題をどう考えるかだ。

中西　根源に触れるのは、パクス・アメリカーナがいまだに持続していると日本人が考えているからですよ。「すべてアメリカについてゆけば大丈夫」と考えている。

それと、東京裁判史観につながる戦後日本人の歴史認識です。日本は本質的に侵略戦争を起こしやすい体質を持った国だからという、この自虐的な歴史観にとらわれているかぎり、憲法改正はとてもできないし、そもそもやるべきでもないでしょう。むしろ、すべては戦後日本人の誤った歴史認識にあると言ってよい。もしアメリカから離れれば、「あの大東亜戦争の悲劇をまた繰りかえす」と考えている。このトラウマ以外に、もしあるとすれば、物質的な利害打算という、純粋なエゴイズムでしょう。これらが絡《から》まって、すっかり自縄《じじょう》自縛《じばく》におちいっています。

西尾　そこだね。そのトラウマをなくさなければ、自主憲法は生まれないということだ。

中西　生まれない。繰りかえしますが、歴史認識を変えなければ、まっとうな憲法改正は絶対にできません。

西尾　そういうことだね。

中西　「近代」の超克は、二つある。中国への対抗は、これからの日本にとって非常に大事なことです。だから、私はいつも言うのです。「反米を語るときには、必ず反中を語れ」と。そうでないと、日本はアメリカからも脱却できません。「反」というのは語弊《ごへい》があれば、「脱」というべきですが、中国はもうすでに古い反日から〝脱却〟し、グローバル・パワー化しはじめている。日本も、この多極化する世界で「一極として立つ」、つまり日本としての「世界史的立場」を取り戻すためには、明確に脱アメリカ・脱中国の方向性を意識することが大切なんです。この点で、脱米＝脱中あるいは反中をつねにはっきりさせておかないと、物質的なパワーの論理に負けて中国の衛星国化したり、間違ったアジア主義に行ったりしてしまう。

西尾　そっちへ行っちゃあ、さらにだめなんだ。

中西　だから、「反米を語るなら必ず反中、反中を語るなら反米を語れ」と、繰りかえさねばいけないのです。そして精神的に両方を超克することが必須不可欠。これが、現在における「近代」の超克、われわれに課せられた使命です。結論的な言い方になりましたが。

世界史的立場と日本

西尾　ようやくここで本題に入るわけですが、昭和十八年に中央公論社から出た『世界史的立場と日本』という、高坂正顕《こうさかまさあき》、西谷啓治《にしたにけいじ》、高山岩男《こうやまいわお》、鈴木成高《すずきしげたか》、四氏による討論本をここに持ってきています。

たいへんおもしろいし、いろいろなことが書かれているから、ひとことではまとめられませんが、高山岩男が途中で興味深いことをひょっと言っています。

「日本には近代が二種類あるのではないか」

江戸時代が「近代」で、もうひとつ、明治の「近代」があるという話をしている。

これは、江戸時代に古代中国に対する問題意識があって、明治時代に欧米の「近代」に対する問題意識がすでにあったことを、奇しくも言っているのです。しかし残念なことに、その問題に対する踏みこみは不徹底ではあるんです。「欧米の近代がフィクショナルなもの（虚構）ではないか」という認識もない。

不徹底だけれども、この時代にそういう認識があったことはおもしろいと思います。戦後は、それもなくなってしまいますからね。これが戦争中に出た「近代の超克」についての代表的な討論会です。

中西　そこなんです。日本人には、いちばん大事な仕事が残っているんです。これからの「多極化と文明間競合の世界」の中で、「では、われわれ日本は何なんだ、どうするんだ」との問いかけに答えねばなりません。「日本文明はこれだ」と言えるような立場、つまり「世界史的立場」のことです。日本がアメリカ、中国、あるいはロシアでもいいけれども、とにかくそういった国々と渡りあうときに必要な普遍性を主張しうる精神の拠《よ》りどころ、これを発見し直し、明瞭に自己主張すること、それがいまも日本としての「世界史的立場」を取り戻す営みなのです。

柏原　『世界史的立場と日本』で、鈴木成高がこういうことを言っています。

「世界史という言葉は非常に古いのだが、いまそれが現代においてわれわれの場合、ヨーロッパの場合には、それがヨーロッパの危機思想、危機という観念と結びついている。ところが、日本で最近、世界史の意識が強くなっているのは、それと非常に違うと思う。そこに何と言うか、日本の革新意識というものが非常に反映されている」

これは、既存の秩序をぶち破るということですね。

中西　先頃、亡くなった評論家の松本健一《まつもとけんいち》さんが、「世界史のゲーム」という言葉を使っていました。世界史的という言葉の意味が、高山や鈴木が議論した当時の時代文脈で読むと、帝国主義同士の世界覇権競争である。たしか、一八八〇年代から一九九〇年代まで列強は「世界史のゲーム」を百年間やったが、勝者は結局、どこの国でもなかった。アメリカがいちばん最後まで残ってグローバル覇権を握った。冷戦の終焉ですね。フランシス・フクヤマなどに言わせると、アメリカがこのゲームの最後の勝者であり、今後はもう覇権争奪戦は絶えてなくなる、ということだったが、それは間違っていた。中国、ロシアは明らかに世界史に名乗りをあげているし、インドや欧州、イスラム圏も立ちあがってきた。「さて、日本はどうする」ということです。

ここで大東亜戦争がなぜ起こったかという私なりの理解を申しますと、満洲事変、シナ事変、いろいろ個別の紛争があったけれども、一貫していたのは明治以来、日本人の側に「文明的自己主張としての〝世界史のゲーム〟をやろう」という意識があったことです。このことを忘れてはなりません。

では、なぜ「世界史的立場」について考えるのかと言えば、本当の意味での「世界史のゲーム」をやるときには、必ず文明論的な自己主張がなければいけないということです。『世界史的立場と日本』の対談者は、まさにそれをやろうとしていたのです。

それは武運つたなく、いったん昭和二十年に潰《つい》えはした。しかし日本には、その生き方、つまり、不断に「この文明的自己主張を繰りかえし世界に向けて投げかける」という営みを続けること、これしか、この日本文明をあずかっているわれわれには選択の余地はないわけです。いくらそれを避けつづけても、この課題には必ず直面することになるからです。

これを現状に当てはめて考えますと、日本は再度、文明的な立脚点を築きあげないと、アメリカとも、中国とも対峙して自己主張できないし、あるいは、それよりずっと下位のレベルの政策的な安全保障や憲法改正の問題などでも、およそ日本の自立はありえません。

それがいま、決定的に明白になってくる時代に入りました。そのとき、われわれがもう一度、踏んばって、世界史的な精神と文明の自立をめざす国民的勇気を奮い起こせるか。ここが、これからの日本の生存をめぐる最大の問題点ではないかと思います。

柏原　最後に、これからの日本の大義といいますか、その「世界史的立場」を取り戻すには、いちばん何が必要とお考えですか。

西尾　日本の歴史を取り戻すことです。日本の歴史というものを、自己本位主義をもって再興することです。そう言っても、簡単なことではありません。これはやみくもに日本を主張することと同じではありません。日本を外から眺めることがまず大事です。

外から日本をよく見ていると、他の外国で普通にやられていることが日本にだけない。そういうことが数多くあります。もっとも外国に学び、真似すればよいという話ではありません。その逆です。われわれが外から学ぶことのできないもの、学ぶことのできるものは何か、その中核を日本の歩みの中にさぐり、発見し、そこを基盤にして、もう一度日本を外から眺め直してみる。そうすれば、日本の欠陥もよく見えるし、長所や特徴もさらに明確になるでしょう。

そして、外からと内からの往復運動を丹念に繰りかえすことです。それには「強い心」が必要ですから、いわゆる世の「歴史家」にこれを期待することはできません。どうか国民全体が同じ問題意識を持って、この難題に正面から取り組んでくださることを願っております。

中西　『世界史的立場と日本』の対談者たちがあの討論会で繰りかえし使った言葉が、「モラーリッシュ・エネルギー」というものでした。当時の知識人ですからドイツ語ですが、英語でいうと「モラル・エナージー」、つまり精神的・道徳的な活力、すなわち国民的勇気ということでしょう。

先日、ある政治家が選挙用のスローガンに、「いま、日本に足りないもの、それは希望です」と言っていたが、それは嘘です。いまの日本と日本人に最も欠けているものは、国民レベルでの精神的・道徳的な勇気です。大きな真実からはあえて眼をそむけ、他者との衝突を執拗《しつよう》に避けつづけ、すべての重要問題をつねに先延ばしし、そのために迫り来る悲劇の予感に打ち震えているのだから、希望など持てようはずもありません。何かを心底、恐れているから、そうなるのは当然です。

それはひとつの強烈なトラウマのなせる業《わざ》なのです。そのトラウマとは言うまでもなく、国民的レベルでの「あの戦争」をめぐる戦後日本の歴史認識、いわゆる東京裁判史観が引きおこす牢固《ろうこ》とした強迫観念です。

何度も言いますが、この歴史認識を変えなければ憲法改正は絶対にできません。安倍首相の出した「戦後七十年談話」のような東京裁判史観そのもの、といえる歴史認識に立っているかぎり、絶対にまともな憲法改正はできないということです。

言いかえると、日本が世界史的立場を取り戻す上で、喫緊《きっきん》の課題は、まず何よりもこの歴史認識の大きな転換が必要です。その後に、憲法改正を始めとする国家の根本問題に取り組めば、その中から、「日本の世界史的立場」がおのずから明らかになってくると、私は信じています。

柏原　お二方、長時間ありがとうございました。

あとがき

近代の日本にとって、「世界史的立場」という概念ほど切実なものはなかったし、そして実は、また今、再びそのことが明らかになりつつある。たとえ、今日只今を生きている日本人だけが、この語の意味するところに全く無関心であったとしても。

本書は、本文中に触れられている如く、今から七十五年前、日米開戦直後の戦時中に行なわれた日本の若い世代の代表的な知識人による、有名な討論会が遺した重要な問題意識を議論のベースにしている。しかし、この二つの時代を隔《へだ》てる時間の長さは、歴史状況の違いはもとより、日本の知識社会の質的な変容の大きさもあり、そのこともあって本書は読み易さを考慮し、談論の調子も保つよう、あえて取り着きやすい叙述の展開になっている。

しかし、そもそも「世界史的立場」とは、どういうことなのか。もちろん、それは日本の学校教育で用いられる「世界史」とは何の関連もない。それは我々の生にはるかに切実な意味をもった言葉である。ここで、改めてその意味について、私なりの確認をさせて頂くと、それは以下のようになるだろう。

すなわち、それは上述の討論会から、さらに二十五年前の第一次世界大戦の真っ最中、ドイツの哲学者オズワルド・シュペングラーが行なった、有名な「西洋の没落」と題した議論（のちに二巻本にまとめられ、一九一八―二二年刊行）に直結する問題意識であった。すなわちそれ以前のおよそ一～二世紀の間、ヘーゲルの「歴史哲学」に代表された、ヨーロッパ文明の自己中心的な「世界史」の大前提としていた「西洋近代」の精神が世界を支配した。しかもそれは、厚かましくも、この精神が地球大かつ全人類的に貫徹してゆくはずの過程を「世界史」と措定したのであった。しかしこの従来の旧思考に対し、シュペングラーは世界史の「形態学」と称する文明史の方法論に依拠しつつ、キリスト教文明に基礎づけられた「西洋近代」の終末を説き、第一次大戦末期の精神的・哲学的な緊張感の中で、国際秩序の崩壊と時代の大きな混迷を背景として、西洋文明の優越に取って代わる世界の諸文明の興隆と各々の併行的な発展という、「新しい世界史」の趨勢《すうせい》を論じた。こうして、今や西洋文明は、この新しい世界史の一角を成すだけの相対的存在に没落し、世界は再び相互に対等な「諸文明から成る世界」へと回帰する道筋が示された。「西洋の没落」とは実に、非西洋世界にとっての福音でもあったのである。そして第一次大戦後の戦間期の世界では、このような大きな文明論的・哲学的な意味を込めて、各文明世界が相互に鋭く自己主張を行なう位置に立つようになった。このことを指して、「世界史的立場」が語られるようになったのである。

しかし、我々の先輩知識人たちが行なった件《くだん》の討論会の三年後、日本の「世界史的立場」は、暴力的といってもよい突然の外発的衝撃、すなわち「あの敗戦」によって一大挫折を蒙《こうむ》った。以来、七十余年、本書の討論会でくり返し論じられた戦後日本、私の言葉では「余白の時代」が挿入されることになった。それはすなわち、パックス・アメリカーナという「世界史の休憩時間」でもあった。そして今日、上述のように、再び「世界史の進行」が始まった。その現実の諸相については、本文中に縷々《るる》、語られ論じられている通りである。

そして、その時、すなわち今、日本は、どうしても再び立ち上がることが求められている。アメリカの衰退と、中国の文字通り「世界史」的興隆の狭間《はざま》で、かつて近代西洋に挑戦し、自らの世界史的立場を主張した日本が、いかなる形であれ、立ち上がらないでいられるわけはない。こうして世界史は丸々、一回転《フル・サークル》したのである。

たとえ、当面のこの国の姿がいかに「モラーリッシュ・エネルギー」を根底から喪失しているように見えようとも、日本の覚醒は、それこそ「世界史的必然」のように私には思われるのである。

※

西尾幹二氏との文明史の観点からの対論は、これで二作目ということになる。今回は、司会役を兼ねて柏原竜一氏の参加を得て鼎談《ていだん》となったが、実は今から十数年前に私と西尾氏の二人とは濃密な文明史の対論を行ない、とくに当時、大きな話題を集めていた氏の高著『国民の歴史』をめぐって、さらにはそこからさらに深く、互いの日本文明史観を論じ合い、戦わせる機会があった（その成果は、西尾幹二・中西輝政『日本文明の主張――「国民の歴史」の衝撃』、PHP研究所、二〇〇〇年、として公刊されている）。そして今回、およそ十六年の時を経て、再び同じ主題のテーマを語り合う機会に恵まれた。その間に、西尾氏は文明論の代表作『江戸のダイナミズム――古代と近代の架け橋』（文藝春秋、二〇〇七年）を著わされ、私は拙著ながら『国民の文明史』（扶桑社、二〇〇三年。現在、PHP文庫として刊行）を世に問うてきた。

専門とする領域は、それぞれ一方はドイツ文学・哲学、他方は国際政治学と、一見大きく掛け離れており、従って、その方法論に大きな違いはあっても、本来の意義における「世界史」と日本の決定的な関わりを問う問題意識において、切実なものを共有している知識人同士として、私は西尾氏との間で、つねに生産的で大いなる知的刺激に富んだ討論の機会に恵まれてきた。

今回も、事前の期待に違《たが》わぬ得がたい機会を与えて頂いたことを西尾氏に、そしてこの二人の語り合いを企画し、様々な点で側面からしっかり支えて頂いた柏原竜一氏の知的な貢献を多とし、両氏に深く感謝申し上げたい。

二〇一七年十月

中西輝政

日本《にほん》の「世界史的立場《せかいしてきたちば》」を取《と》り戻《もど》す

平成29年11月10日　初版第１刷発行
平成30年２月20日　　　第２刷発行

著　者　西《にし》尾《お》幹《かん》二《じ》
　　　　中《なか》西《にし》輝《てる》政《まさ》
司　会　柏《かし》原《はら》竜《りゅう》一《いち》
発行者　辻　浩明
発行所　祥《しょう》伝《でん》社《しゃ》
〒101-8701
東京都千代田区神田神保町3-3
☎03(3265)2081(販売部)
☎03(3265)1084(編集部)
☎03(3265)3622(業務部)

印　刷　萩原印刷
製　本　ナショナル製本

ISBN978-4-396-61601-4 C0030　Printed in Japan
祥伝社のホームページ・http://www.shodensha.co.jp/